本书出版获广东省高等教育学会课题"思政教育融入
施路径研究"（项目编号：21GQN67）、广东省教育科学规
"'课程思政'理念下的外国文学教学改革研究"（项目编号：2021GXJK435）、2021
年广东海洋大学校级教育教学改革项目"'课程思政'视阈下的《外国文学》教
学设计研究"（项目编号：010201142105）资助

大学生思想政治教育与心理健康

马 遥 著

WUHAN UNIVERSITY PRESS
武汉大学出版社

图书在版编目(CIP)数据

大学生思想政治教育与心理健康/马遥著. —武汉:武汉大学出版社,
2024.7
ISBN 978-7-307-24183-1

Ⅰ.大… Ⅱ.马… Ⅲ.①大学生—思想政治教育—研究—中国
②大学生—心理健康—健康教育 Ⅳ.①G641 ②G444

中国国家版本馆 CIP 数据核字(2023)第 234123 号

责任编辑:周媛媛 冯红彩 责任校对:牟 丹 版式设计:文豪设计

出版发行:**武汉大学出版社** (430072 武昌 珞珈山)
(电子邮箱:cbs22@whu.edu.cn 网址:www.wdp.com.cn)
印刷:武汉邮科印务有限公司
开本:720×1000 1/16 印张:13.5 字数:219 千字
版次:2024 年 7 月第 1 版 2024 年 7 月第 1 次印刷
ISBN 978-7-307-24183-1 定价:68.00 元

前　言

　　大学阶段是一个人成长和发展的重要阶段。在这个阶段，大学生不仅要学习专业知识，还要树立价值观念、人生态度等。因此，大学生思想政治教育和心理健康是极为重要的。大学生思想政治教育不仅是社会发展的需要，也是学校教育的重要内容。大学生不仅要学习科学知识，还要了解社会和国家建设的相关知识，培养责任感和使命感，成为有用之人。大学生要明确认识到自己的社会角色并承担相应的责任，这需要采取多种途径进行思想政治教育和实践活动。同时，大学生心理健康问题也越来越引起社会的广泛重视。大学生需要掌握正确的心理知识，预防和处理心理问题，保持心理健康，提高生活质量和学习效率。大学生心理健康同样需要得到学校和社会的关注和支持。为此，学校应采取相关措施，大力宣传、普及心理健康教育和心理健康知识，使大学生清楚地了解自己的心理健康状况，找到调整和治疗的适当方法。本书讨论了大学生思想政治教育与心理健康教育相结合的途径和模式。本书的研究结果和建议有助于推动大学生思想政治教育和心理健康教育深度结合，从而进一步提高大学生的综合素质和发展能力，有助于为未来国家建设和社会发展培养更多的优秀人才。

　　本书先对思想政治教育、心理健康教育等概念与理论进行阐释，而后分别以上下两篇内容展开论述。上篇为"大学生心理健康与思想政治教育"，下篇为"大学生心理健康教育与思想政治教育"，共九章内容。其中，第一章为"当代大学生的心理问题"，对当代大学生心理问题现状进行调查和分析，并对当代大学生心理问题的成因进行分析；第二章为"思想政治教育在促进大学生心理健康中的意义及当前存在的不足"，指出思想政治教育是促进大学生心理健康的重要手段，并对思想政治教育促进大学生心理健康存在的不足进行分析；第三章为"大学生思想政治教育中的心理疏导"，阐述了大学生思想政治教育中心理疏导的必要性、心理疏导的方式、心理疏导的效果、心理疏导的价值意义等内容；第四章为"思想政治教育促进大学生心理健康的路径"，具体从校园文化建设、教育内容、教育方法、教育者素质等方面构思具体路径；第五章为"大学生心理健康教育与思想政治教育概述"，介绍了大学生心理健康教育与思想政治教育的联系与区别，阐述了二者的发展现状；第六章为"大学生心理健康教育对思想政治教育的影响与启示"，探讨了大学生心理健康教育对思想政治教育的影响和启示；第七章为"大学生心理健康教育在思想政治教育中的功能发挥"，介绍了大学生心理健康教育在思想政治教育中功能发挥的现状，阐述了大学生心理健康教育在思想政治教育中功能发挥的原则、模式与步骤；第八章为"大学生心理健康教育与思想政治教育的契合"，介绍了大学生心理健康教育与思想政治教育契合的必要性和可行性，并分析了契合现状与原因，最后提出契合的路径；第九章为"思想政治教育基础上心理健康教育模式探究"，对思想政治教育基础上心理健康教育模式进行分析，并提出构建对策。

由于作者水平有限，书中难免存在不足之处，恳请广大读者批评指正。

目　　录

绪　　论

第一节　思想政治教育

一、思想政治教育的含义及特征

思想政治教育是一种有意识、有目的、有计划地对大学生的世界观、人生观、价值观进行引导和培养的教育活动。当大学生价值观正确、理想信念坚定时，其思想与心理问题就能够得到很好解决，进而为形成更健全的人格打下良好基础。思想政治教育要基于社会需求而开展，从而培养符合社会要求的优秀人才，其中思想素质、道德素质、心理素质的提升是重中之重。在现代教育中，思想政治教育在"以人为本"的理念下得到优化，进一步夯实"育人为本、德育为先"的教育目标，并且形成以思想教育为核心，思想政治教育、道德品质教育、心理健康教育协调共进的教育模式。

思想政治教育具有实践性、综合性、渗透性、科学性等特征。

实践性表现为：一是思想政治教育立足于现实而开展，教育内容和教育方式方法与实际需求相契合，能够为大学生全面发展提供有力支撑。二是思想政治教育随实际情况变化予以改进和调整，调整方向具有很强的针对性，具体来说要符合大学生的实际情况，能够解决他们面临的实际问题。三是思想政治教育注重实效，以培养对社会有用的人才为重要目标，并且基于培养效果不断做出调整和优化。

综合性表现为：一是思想政治教育是一个综合体系，包括多种学科理论，也从多个视角探讨教育方向和目标。二是思想政治教育的研究内容是复杂的，不会局限于某个方面或领域。三是思想政治教育的开展要借助多方力量，不能只依靠学校，否则会影响最终的教育效果。

渗透性表现为：一是思想政治教育侧重于在潜移默化中引导大学生，让他们在无意识中吸收知识，因此思想政治教育宜采取更为隐蔽的教育策略和方式。二是思想政治教育要持续进行，通过持续不断的引导和熏陶来塑造大学生人格，以保证培养思想政治素质扎实的人才。三是思想政治教育不强迫大学生接受和理解，而是尊重大学生意愿，鼓励他们通过发挥自主性进行学习。

科学性表现为：一是思想政治教育要立足于实践进行规划和开展，确保顺应时代潮流，培养适应社会发展的人才。当遇到新情况、新形势时，通过提出新问题、构建新思路等方式予以应对，确保思想政治教育具备更强的科学性和有效性。二是思想政治教育将客观规律奉为圭臬，并以此为依据规划教育内容和教育方式，如大学生身心发展规律就是重要的规划依据。

二、思想政治教育的功能

（一）导向功能

导向功能是思想政治教育的根本功能。思想政治教育是塑造意识形态的重要途径，要想实现这一目标，关键在于做好导向工作。具体来说，思想政治教育通过相关教育活动来引导大学生的思维观念和行为符合党和国家事业的发展需要，并对思想出现偏离的大学生予以纠正。思想政治教育导向功能得到夯实，能够提升教育的有效性，在锻炼大学生实践能力、开发大学生创新能力、培养大学生良好思想心理素质方面具有重大意义，进而培养能力出众且甘于为国奉献的优秀人才。

（二）育人功能

育人功能是思想政治教育的基本功能。教育的本质就是育人，思想政治教育从产生起便具备育人功能。按照马克思关于人的全面发展理论进行分析，思想政治教育的育人功能主要表现为：一是培养大学生基本能力，让大学生的潜能得到发挥，从而在学习和发展中获得更好成果。二是培养大学生社会关系意识，让大学生在社会中找准自身定位，在不断拓展社会关系的同时，也能够与社会保持协调一致。三是促进大学生个性发展。思想政治教育遵循大学生身心发展规律，基于大学生诉求灵活调整教育方式，有利于大学生个性发展，使大学生成为一个自由完整的人。

（三）开发功能

思想政治教育不是浮于表面，而是深入人的思想进行引导，这有利于调动人的主观能动性，在发掘人的内在潜能方面起着重要作用。思想政治教育的开发功能也由此而存在。开发功能是育人功能的延伸，思想政治教育的开发功能主要表现为：一是帮助大学生寻找人生目标，树立人生理想。没有目标和理想的人将逐渐成为行尸走肉，自身价值将被泯灭。思想政治教育能够唤醒大学生对自身价值的认知和重视，并将个人发展与社会发展联系在一起，为社会发展做出贡献。二是激发大学生的积极性和主动性。思想政治教育深入大学生内心，能够调动大学生的积极性和主动性，让他们在学习与生活中更具活力，向着预定目标努力奋进。三是尊重大学生个性。每个大学生都有自身个性，尊重大学生个性能够使大学生在思想政治教育中更加积极主动，并且更为自觉地求知。

（四）凝聚功能

凝聚功能指的是思想政治教育工作者通过思想层面的引导让大学生形成共识，进而凝聚在一起，形成强大的合力。合力越强，目标越容易实现。思想政治教育的凝聚功能表现为：一是目标层面的凝聚。思想政治教育工作者可基于实际情况制定目标，而后引导大学生完成，有时可将目标进一步细化，这样凝聚效果会更好。二是价值取向层面的凝聚。思想政治教育输出集体主义价值取向，可引导大学生自觉为保护和增加集体利益做出贡献。同时，教育者还要引导大学生正确认识个人利益与集体利益之间的关系，当个人利益与集体利益发生冲突时确保他们能做出正确选择。

第二节　心理健康与心理健康教育

一、心理健康

（一）心理健康的定义

心理健康是相对于生理健康提出的说法和概念。1946 年，第三届国际心理卫生大会将"心理健康"定义为：在身体、智能及情感上与他人的心理健康不相矛盾的范围内，将个人心境发展成最佳状态。从这一定义中可以了解心理健康具有发展性，处于动态变化中，并且心理健康是一种相对状态，不存在绝对的心理健康。关于心理健康定义的研究有很多，有的从社会学层面进行分析，有的从个人发展层面进行分析，还有的从医学层面进行分析。目前，心理健康的定义尚没有形成统一的内容，但学界将心理健康描述为一种心理状态的观点得到了广泛认可，具体为：广义上的心理健康是一种持续高效且满意的心理状态；狭义上的心理健康是知、情、意、行的统一，是人格完善协调，社会适应良好。

（二）心理健康的标准

关于心理健康的研究主要包括两方面内容，分别是"心理健康是什么"和"怎样才是心理健康"，前者在前文中已经阐述，后者是对心理健康标准的探讨。目前，学界关于心理健康的标准尚没有形成统一的意见。心理健康的标准难以准确界定的原因在于心理是复杂的，在不同阶段表现出不同状态，并且很多因素会影响心理，如文化因素、环境因素等。美国心理学家马斯洛和米特尔曼提出的心理健康十条标准在世界上有着很强的影响力，具体如下：一是充分的安全感；二是充分了解自己，并对自己的能力作适当评价；三是生活目标切合实际；四是与现实环境保持接触；五是保持人格完整与和谐；六是具有从经验中学习的能力；七是保持良好的人际关系；八是适度的情绪表达与控制；九是在不违背社会规范的前提下能恰当地满足个人的基本需求；十是在符合集体要求的前提下，较好地发挥自身个性。我国学者蔡焯基基于中国人心理状态提出了心理健康六条标准，具体为：一是认识自我，接纳自我；二是自我学习，独立生活；三是情绪稳定，有安全感；四是人际关系和谐良好；五是角色功能协调统一；六是适应环境，应对挫折。对国内外学者提出的心理健康标准进行比较，可以发现其中存在很多相似之处。例如，对自我体验较为重视，考量自我认知程度、自我情绪控制能力等；对社会体验也较为重视，重点分析人与社会之间的关系。

二、心理健康教育

1977年，美国医学家恩格尔提出"生物—心理—社会医学"模式，这推动心理健康教育进入健康教育领域。随着社会的进一步发展及科学技术的进一步革新，心理健康教育逐步获得更多研究热度，在健康教育领域地位凸显，成为核心内容。关于心理健康教育概念的研究有很多，总体来看可归纳为两个方面：一方面是从方式视角入手进行定义，认为心理健康教育也是一种应对心理问题的方式；另一方面是从目标视角入手，认为心理健康教育是一种以达到良好心理状态为目标的教育。随着教育发展与改革，心理健康教育的学科理论基础逐步增多，并且产生了丰富多样的教育实践，这使心理健康教育的视角更为广阔，定义内容也更为全面。目前普遍认可的定义为：心理健康教育是教育人员运用人类共通的心理学原理和多样化咨询辅导手段，帮助受教育对象解决其在人生某个阶段产生的心理障碍，有效减少内心冲突，化解不同个体间积累矛盾的风险的教育。

大学生是有活力、有冲劲、有文化的青年群体，他们在学习、生活、就业过程中会遇到诸多困扰，进而难免会产生一些心理问题。对于高校来说，需要及时疏导和解决大学生的心理问题，否则可能出现多种不良后果。有学者认为大学生心理健康教育要做好两个方面，一方面是引导大学生具备良好的心理素质，另一方面是引导大学生保持心理健康。这两个方面紧密连接，前者是过程，后者是结果。基于此，大学生心理健康教育可定义为：通过优化和提升大学生心理素质达到引导大学生心理健康目标的教育活动。大学生心理健康教育过程中要充分考虑大学生身心发展规律及大学生群体特征，进而制定更具针对性的教育策略，让大学生学会维护自我心理健康，并在自己难以应对时主动寻求咨询和辅导。本书认为，大学生心理健康教育是结合大学生心理发展规律和群体特征，以维护大学生心理健康和提高大学生心理素质为目标的教育活动。

第三节　理论基础

一、马克思关于人的全面发展理论

大学生心理问题的应对和解决离不开马克思关于人的全面发展理论。该理论对人的需求和全面发展之间的关系进行了深入解读，指出人的全面发展的最大动力来源于人的需求。人的需求不会终止，当某一需求得到满足后，又会产生新的需求，这促使人的发展持续获得动力。马克思对影响人全面发展的相关因素进行了综合分析，而后提出了人的全面发展理论。人的本质决定了人的全面发展，具体包括人的个性、个人素质、潜能、需求、社会关系等，要想实现人的全面发展目标，需要调动人的主体意识，让人产生积极自觉力量。除此之外，还要处理好外在因素，如社会生产力较低的时代，人的发展进程受到影响，只有推动社会生产力不断提升，才能为人的发展提供支撑。具体到现实情况中，外在因素往往难以被人掌控，因此优化内在因素成为重点，如提高大学生自我认知能力就是重要入手点，当大学生能够充分认识自我，则可以立足于自身实际情况确定发展目标和发展方向，以及选择合适的发展方式。大学生的政治素质、思想道德素质、身心素质得到提升，既是全面发展的重要目标，也是推动全面发展继续深化的重要基础。因此对于学校来说，必须重点关注大学生在这些素质方面的发展水平，有针对性地提供支持和帮助，这有利于促进大学生的全面健康发展。

二、马斯洛的需要层次理论

在马斯洛看来，人的需要可以划分为多个层次，最低层次为生理需要，逐步递增，依次为安全需要、社交需要、尊重需要、自我实现需要。一般来说，需要满足遵循从低到高的规律，即低层次需要得到满足后才能向高层次需要发展。在应对大学生心理问题时，可以先了解大学生的需要处于何种层次，接着满足他们的需要，让他们在需要方面向高层次跨进。一方面，需要层次的提升能够激发大学生更多的动力，有利于其应对当下出现的心理问题；另一方面，大学生在获得需要满足时能够从中收获关爱，进而在心理上获得满足，有利于保持平和的心理状态，也能为应对心理问题提供支撑。马斯洛的需要层次理论对人的诸多需要进行了揭示，而在实际应用中还要具体考量大学生的实际情况，发现他们在需要上的不同之处，然后做出针对性应对。

三、罗杰斯的人本主义理论

罗杰斯的人本主义理论认为，人类的内在价值需要得到理解，否则人类会陷入不安情绪中，对个体发展产生不良影响。该理论强调要调动人的主观意识，认为这是接近人性和展现人性的重要途径。罗杰斯指出，行为主义理论将着眼点放在人的行为上，做出的行为指导浮于表面，在人性研究方面表现出不足之处。罗杰斯还指出，弗洛伊德以不正常的人为研究对象来研究人性，获得的研究成果并不具有普遍性。人本主义理论强调人性应具有自由选择性，即每个人都能依托自身想法选择人性发展方向，并通过自我努力使其成为现实。大学生思想政治教育和心理健康教育要充分吸收人本主义理论精华，在教育过程中做到以大学生为本，转变传统知识灌输模式，让大学生获得更自由、更深入的内心体验，为激发他们的能动性和潜能创造条件，并且也能让大学生深化自我认知，正确认识和了解自身价值。罗杰斯认为教育要注重人格培养，而实现这一目标的关键在于营造良好的成长环境。基于这一观点，高校教育者应在环境创造和建设方面投入更多精力，并且积极与家庭、社会等建立联系，形成更强合力，为大学生营造良好的成长环境。

四、贝克的认知理论

贝克是美国的一位精神医学博士，也是认知主义理论流派的代表人物。认知理论提出了 S-C-R 公式，其中 S 是刺激，C 是意识、经验等因素，R 是反应。认知理论认为，人在接受刺激后会表现出相应行为，在这一过程中，人会进一步认识刺激。如果人出现不合理或错误的认知，就会产生不适宜的行为，人的情绪与心理状态也会受到不良影响。要想转变不适宜的行为，则需要从改变认知入手。在大学生心理健康教育中，大学生出现心理问题可能与认知不到位有着紧密关联，教育者需要对大学生的认知情况进行调研了解，然后采取针对性策略予以解决。出现严重心理问题时依靠外力解决是必需的，而那些较为常见的、不严重的心理问题如果也依靠外力解决，则会造成"拥堵"现象。因此，大学生要在认知理论指导下提升自我应对心理问题的能力，如此才能自发地评估自身认知，及时改正存在偏差和错误的内容，进而消除不良因素，使心理问题得到解决，确保自身保持良好的心理状态。

上篇　大学生心理健康与思想政治教育

第一章　当代大学生的心理问题

第一节　当代大学生心理问题现状调查与分析

目前，我国大学生在心理健康方面总体上呈现良好态势，但是也存在一些问题，这些问题对大学生的成长和发展造成了一些不利影响。我国各个领域处于不断变革中，变革既带来了巨大利益，也为一些新现象的产生提供了温床，社会价值判断标准变得更加多元化，人们的思想更加活跃与丰富，推动着新的生活方式和工作方式的出现。对于大学生来说，高校招生制度、社会就业体系等均发生了很大变化，其中夹杂着多重利益冲突，寄希望于政府管理从而"一劳永逸"地解决问题是不现实的，这样一来，大学生必然会承受更大的心理压力，对自身发展前景"忧心忡忡"，进而出现各种各样的心理问题。笔者对上海多所高校的部分大学生进行了调研，主要是提出"引发烦恼原因"相关问题让大学生回答，通过统计回答结果发现，引发大学生烦恼的原因达200多种，其中人际关系、学习状态、校园环境等占据很大比例。原因的多种多样可以从一定程度上说明大学生心理问题正向多元化方向发展，并且随着大学生群体规模的不断壮大，这一趋势愈演愈烈。

一、关于现状调查的基本情况

（一）关于调查问卷的基本情况

本次问卷调查选取上海部分高校的部分大学生作为调研对象，使用的问卷经过科学编制，最大限度地保证调研结果具有全面性和有效性。本调查从"引发烦恼原因"入手，设计了关于学生个人、学校、社会、家庭等方面的相关问题，涵盖范围较为全面。本调查共发放问卷600份，收回问卷593份，有效问卷580份，有效率达97.81%。上海高校数量较多，各类高校层次不一，本次调查难以做到全面覆盖，但研究的问题具有较强的共性，并且在总结调研结果时充分借鉴以往研究成果，以更客观、更全面地反映当代大学生的心理现状。

（二）关于调查对象的基本情况

本次调查获得有效问卷 580 份，调查对象的基本情况如表 1.1 所示。

表 1.1　调查对象的基本情况

项目	年级				性别		是否为独生子女		是否家庭困难	
	大一	大二	大三	大四	男	女	是	否	是	否
人数 / 人	200	110	150	120	375	205	339	241	157	423

从表 1.1 中可以看出，调研对象覆盖各个年级，分别占比 34.48%、18.97%、25.86%、20.69%；性别上男生占比较高，占到总调研人数的 64.66%，女生占比 35.34%；是否为独生子女情况中，独生子女占比 58.45%，非独生子女占比 41.55%；是否家庭困难情况中，家庭困难占比 27.07%，家庭不困难占比 72.93%。

（三）调查问卷结果分析

本次调查问卷在覆盖范围上涉及大学各年级，对调查结果进行科学整理和分析得出调研大学生心理状况总体较好，但也能发现他们在学习、就业、人际交往等方面表现出不同程度的心理问题。"引发烦恼原因"作为主要问题之一，大学生回答所占比例从多到少依次为就业、学业、人际交往、经济保障、恋爱等方面。表 1.2 为调研结果占比分布情况。

表 1.2　调研结果占比分布情况

项目	占比	项目	占比
就业	32.07%	经济保障	7.07%
学业	23.45%	恋爱	4.48%
人际交往	14.31%	其他	18.62%

二、当代大学生心理问题分析总结

（一）入学适应中的心理问题

学生从中学阶段进入大学阶段，意味着自身角色发生了重大转换，这一转换是客观存在的，会对人的心理产生很大影响。对于学生来说，大学是一座浩瀚的知识殿堂，在入学初期学生怀揣着热烈梦想，想要在这方土地上茁壮成长，进而在未来获得更好发展。可现实往往是残酷的，学生进入大学后往往因为现状而产生各种矛盾心理，甚至曾经立下的誓言和理想变得遥不可及，这让他们一时间难以接受。大学生与中学生在学习方法上存在较大差异，在中学熟练使用的学习方法可能在大学难以继续"无往不利"；同学之间、师生之间的关系也发生了很大变化，向更加成熟和现实的方向发展，这让大学新生感觉手足无措，难以快速调整和适应。生活环境和学习环境也发生了变化，大学阶段学生需要独立应对，不能再像中学阶段那样依靠家长。这些改变阻碍了大学新生适应新生活的进程，并且其心理层面会产生一定程度的应激反应，表现出较强的不安和焦虑。面对学习和生活环境发生的变化，并不是所有的学生都会产生同样的心理反应，有些学生因为性格外向，在人际交往中如鱼得水，往往能够快速适应，心理层面的波动较为平缓；而有些学生性格内向、不善言辞，在面对环境变化时往往会产生较大的心理波动，需要很长时间才能逐渐适应。新环境意味着新挑战，只有秉持乐观向上的心态，学会自觉地进行自我调整才能更好地适应，才能将出现心理问题的概率降至最低。

（二）校园学习中的心理问题

大学生在大学校园中需要将学习放在第一位，而在参与学习活动时，无论是学习内容还是学习方法与中学相比都发生了较大变化，从而对大学生心理造成不同程度的影响。大学生学习内容相较于中学阶段更加深入、广博，为此大学生需要快速调整学习方式，如提升自主学习能力，能够进行自主管理并控制自己的言行，将最优秀的自己展现出来。大学生思想素质、智力素质、能力素质、心理素质、体能素质等需要达到新的层次，而要想实现这些目标，大学生必然要经历由被动到主动的转变，只有这样才能更好地应对校园学习活动中出现的各种挑战，进而顺利完成学业，实现各方面素质的提升。但是通过调查得知，并不是所有学生都能在这些素质方面达到相应标准，一些学生在经历学习失败后会在心理层面出现一些问题，主要表现在以下几个方面：首先，学生曾经的优越感消失得无影无踪。进入大学的学生一般在中学阶段是尖子生，他们得到教师的青睐，在家长眼中也是佼佼者，其他同学投以羡慕的眼光。进入大学校园后，身边的同学都是各个中学的尖子生，一些学生就会显得较为暗淡和普通，以至于曾经的优越感消失。这样的心理变化对这些学生造成冲击，进而引发一些心理问题。其次，学生独立思考和探索方面的能力难以跟上。中学阶段要求学生掌握知识、提高考试成绩，往往对素质能力缺乏足够关注；进入大学后，这些素质能力将成为重点关注对象，学生应具备批判性思维，能够在学习和研究中表现出自主性，如主动提出问题、构建新的学习思路等，而在这些方面表现较差的学生往往会掉队，仍旧采用死记硬背的方式学习，这样一来必然在学习中遇到很多困难，在心理层面经受多重冲击。最后，学生在时间安排和规划方面有所不足。大学生需要学习和掌握的知识是广阔无边的，同时也要参加各式各样的活动，一方面这些内容为大学生提供了广阔的学习空间，另一方面是对大学生的时间安排和规划能力的考验。有些大学生在时间支配上做不到科学合理，往往是根据自身喜好来安排时间。因此，有些大学生经常参加各种社团活动，造成学习时间被严重压缩，学习成绩不断下滑，甚至无法毕业。

（三）人际交往中的心理问题

美国有学者对大学中的人际关系进行了深入研究，发现获得良好成绩并在未来发展有所成就的大学生往往拥有较强的人际关系处理能力，并且这一能力在个人成功层面能够产生 85% 的影响力，剩下的 15% 是由智力、技术能力等组成的。由此可知人际关系处理能力的重要性，大学生应引起足够关注。大学生在校园中需要面对一些人际关系，当他们能够恰当处理和应对这些人际关系时，专业学习、校园生活等就能达到更高质量水平，并且未来毕业进入社会后，也会对其人生发展产生深刻影响。大学生刚刚进入大学校园，需要面对比中学阶段更复杂的人际关系，要重新思考和塑造同学之间、师生之间、同乡之间、个人与社会之间的关系，以构建更为立体的人际交往模式，在繁杂多样的人际关系中做到合理到位。但是在实际情况中有很多大学生难以恰当地处理人际关系，有些大学生养成了"以自身为中心"的心理定式，在人际交往中往往只考虑自身感受，而对他人的感受视而不见，当他人冒犯自己后咄咄逼人，造成他人不愿意与自己交往，久而久之就会变成"孤家寡人"；有些大学生太过软弱，在人际交往中一味迁就他人，害怕与他人起冲突，这样容易造成内心不断积聚负面情绪，对身心健康产生极大不良影响；有些大学生在人际交往中抱有强烈的功利心态，总想利用他人达到某些目的，这样的人难以得到他人的认同和喜爱。人际交往过于偏向某一面会产生很多负面影响，进而引发一系列心理问题。要想改变这些状况，自我意识要适中，不能过于自我，也不能失去自我，还要掌握相关人际交往技巧，在人际交往中做到合理到位，表现出真诚和自信，给人以舒适之感。

（四）求职就业中的心理问题

就业问题是一个社会热点问题，就业不畅，社会发展质量也会受到不良影响。大学生就业既是为社会发展贡献力量的重要渠道，也是大学生不断历练内在、实现全面发展的重要途径。随着我国高校教育制度改革，大学生的数量大幅增长，成为新型就业模式形成和发展的重要推力，同时对原有就业体系产生了巨大冲击。在新的就业模式中，大学生的就业选择趋于多元化，同时也要承受巨大的心理压力。例如，当众多求职者竞争同一岗位时，只有足够优秀的人才能脱颖而出，这容易使大学生产生严重的心理压力，情绪上产生波动，行为上也会大受影响。近年来，高校不断扩招，每年大学生的毕业数量呈不断上升态势，这使就业市场变得供大于求，形成"买方市场"格局。大学生作为就业者，只有符合"买方"要求才能被聘用，这就逐渐演化为一种心理挑战，难以应对者则容易出现负面心理。每个大学生都抱有就业理想，而当这一理想与就业市场现实脱节时，大学生在心理层面必然会饱受打击。有的大学生自视甚高，认为自己有"大才"，应被"大用"，可是当其进入就业市场后发现，符合自身需求的用人单位难以应聘上，不符合自身要求的用人单位不想进入，如此一来便形成"高不成、低不就"的状况，内心焦虑无比，难以踏踏实实地工作和奋斗。现在很多用人单位不断提高招聘标准，尤其是对刚毕业的大学生来讲门槛太高，这使得大量大学生难以被用人单位认可，心理上经受打击，缺乏自信，也会对自己感到失望。在大四阶段，很多大学生着手寻找工作，经常参加各种招聘会，如此就会压缩学习时间。一方面，他们希望提前找到工作；另一方面，他们希望好好学习，提升自身素质和能力。当这两方面在时间安排上出现冲突时，大学生就会产生无所适从、紧张焦虑等心理表现，对其发展和成长造成不良影响。

（五）恋爱方面的心理问题

恋爱方面的心理问题在大学生心理健康问题中占据重要位置。进入大学阶段，学生基本上成年，生理发育更加成熟，他们开始对异性产生强烈好感，想要接近异性，与异性谈一场轰轰烈烈的恋爱。恋爱属于情感范畴，由于现实情况中情感教育较为缺失，难以给予大学生正确的恋爱指导。当大学生产生恋爱心理时，他们往往不懂得如何维持，甚至会引发一些心理问题。例如，有的大学生在恋爱中遭遇挫折，主观上认为是自己"无能"造成的，进而失去自信，做什么事都唯唯诺诺，缺乏冲劲，产生自卑心理；有的大学生陷入恋爱中不能自拔，对学习的重视程度不断下降，对自身发展产生严重不良影响；等等。

第二节　当代大学生心理问题成因分析

一、社会因素

马克思主义认为，人具有社会性，需要在社会中成长发展与展现自身价值，同时社会也会对每个人产生相应影响。大学生会受到社会影响，社会因素是影响大学生心理健康的重要因子。社会改革影响着社会因素，我国正处于社会主义市场经济体制改革深水区，在引入竞争机制层面做了很多努力，并且获得了一系列优异成绩，这促使我国社会得以快速发展，发生了翻天覆地的变化。一方面，人们能够在竞争机制的支撑下公平地获得相应机遇，进而通过发挥自身聪明才智把握机遇；另一方面，竞争机制使竞争态势更为激烈，从而使大学生面临巨大的竞争压力，那些意志薄弱的大学生往往难以承受这些压力，进而在心理层面产生波动，引发心理问题，而当心理问题不断累积后会成为滋生社会问题的隐患。大学生在社会问题影响下心理层面不断经受冲击，进而出现诸多心理问题。

改革开放以来，我国对外开放程度不断加深，西方文化开始大肆涌入国内，形成了中西方文化冲突与碰撞局面。当代大学生作为思维活跃、心理敏感的群体，对文化交流碰撞中所产生的新生事物更为敏感，进而在潜移默化中受到影响和熏陶。而当文化环境变得完全不同以往，大学生面对文化现状时就会表现出疑虑、迷惘，加之判断能力不强，对一些外来文化和思潮更为偏向。大学生价值观尚未定型，面对外来文化往往经受不住诱惑，而当他们在实践中发现外来文化与本国现实社会发生冲突时，心理层面就会出现困惑与茫然，如果不能找到合理途径进行引导和疏导，这些负面情感就会进一步作用于心理，导致心理失调，而后引发严重的心理问题。当今社会大众传媒的影响力不断增强，尤其是步入信息时代后更为突出。有学者对大众传媒的影响力进行了系统分析，认为它们在潜移默化中影响人的心理，如那些充满暴力的电视节目成为引发犯罪行为的重要因素，那些"恣意妄行"的媒体手段扰乱了舆论导向，使社会舆论偏离正常轨道，进而对大学生心理和思想产生负面影响。

二、家庭因素

一个人的成长离不开家庭的支持和培养，如果家庭环境良好，则会带给人们正向引导和影响，反之会造成负面影响。

首先，父母作为家庭教育的重要参与者，他们的教育行为会对大学生心理健康产生重要影响。父母之于子女是引路者、保护者、激励者，如果他们能做好这几点，则能够给予子女更多温暖和安全感。当子女遇到困难和挫折时，父母给予他们的是理解和支持，而不是冷嘲热讽、肆意伤害。这样的父母是优秀的，有助于引导大学生学会自尊自爱，在学习与工作中拥有更多自信。现实情况中有的父母是不合格的，他们经常批评和拒绝子女，对子女的诉求漠不关心。基于这一现实，有些大学生感觉不到父母的爱，并且其自我评价也变得消极。

其次，父母的受教育程度也会对大学生心理健康产生影响。在调查中发现，受教育程度较高的父母懂得与子女沟通的重要性，能够采取科学方式给予子女关爱，有严厉也有温情，惩罚时讲究力度，鼓励时讲究方式，让子女感觉到满满的爱；受教育程度较低的父母并不一定比受教育程度较高的父母差，但从总体来看，受教育程度较低的父母在教育子女时往往使用简单粗暴的教育方式，并且更加倾向于惩罚，希望通过严厉惩罚消除子女的不良想法，但是实际上却往往适得其反，有的子女在严厉管教下变得更加叛逆，有的子女则变得懦弱。

最后，父母的职业会对大学生心理健康产生影响。部分大学生就业时，父母的职业会成为他们重要的参考对象。例如，父母的职业在社会上受到尊重，大学生内心就会产生优越感和自豪感，也会趋向于选择这一职业，帮助大学生在就业时更为顺利；父母的职业在社会上的地位较低时，大学生就会产生自卑心理，不愿意在同学和教师面前提起，而在选择职业时往往会远离父母的职业。

三、学校因素

大学校园是大学生学习知识、独立生活的重要场所，对大学生身心健康发展产生重要影响。其中正向影响与负向影响共存，而要想让大学生达到理想的身心健康状态，就需要对不利因素进行适当应对。我们通过对调查问卷的深入分析了解到，学校中的不利因素表现在以下几个方面。

一是学校不够重视大学生心理素质的培养。在调查中，很多大学生反映学校在开展心理教育方面做得并不到位，很多工作往往浮于表面，很少针对具体问题进行分析与解决。从具体数据来看，在调查的大学生群体中，仅有两成大学生认为学校较为重视心理素质教育，仅有一成大学生认为学校在心理素质培养方面取得了良好效果。从中可以看出，学校在大学生心理素质培养方面的力度和强度有待进一步提高。这一现象值得我们深入反思。长期以来我国实行应试教育，虽然近年来经过多次教育改革，应试教育的负面影响有所下降，但应试教育及其影响仍然存在，如学校在评价教学质量时往往将学生分数作为重要标准，而对大学生的素质能力评价较为缺乏，整体呈现出"重分数，轻能力；重智力因素，轻非智力因素；重智育，轻德育、美育、体育"现象。在这种情况下，大学生素质培养被忽略，心理素质就是其中之一，这造成大学生心理承受能力难以得到有效提升，在遇到外界压力和遭遇困难时往往容易出现心态崩溃现象，不仅对学习进程造成阻碍，而且会对大学生全面发展产生极大的负面影响。

二是学校偏重成绩，促使学习动机趋于功利化。大学生在学习过程中要获得足够的学习动力，才能克服困难和挫折，使学习顺利进行。从心理层面分析，大学生的学习动机会对心理产生影响。如果学习动机表现出强烈的功利化色彩，大学生的心理就会更加重视现实收获，以功利心态选择专业，并在选择学科时把"有用"当作标准,如近年来外语、会计、计算机等专业和学科受到大学生群体的欢迎,一时间报考这些专业和学科的大学生数量迅速增加。而有些专业和学科却十分冷清,鲜有大学生报考和学习。这形成了鲜明对比,充分体现出学习动机功利化现状,背后是大学生心理不健康问题,如果这种不健康状态得不到足够重视,任其蔓延发展,将会对更多大学生产生不良影响。

三是高校在改革过程中获得的新变化也会对大学生心理产生影响。随着高等教育改革深入推进,高校在制度等方面有所创新,考试淘汰制、上学缴费制度、择业制度、奖金制度等得以革新和调整。从长远来看,这些做法是积极向上的,能够推动高等教育向更好方向发展;从短期来看,大学生容易被新的变化牵动心绪,使原本动荡不安的心理更加"风雨飘摇",无形之中消耗精力并且带来巨大的心理压力,出现烦躁、压抑、紧张等不良心理表现。

四、个人因素

大学生正处于青年中期向成年过渡阶段,该阶段的大学生往往经历剧烈的心理变化,需要得到正确引导才能促进其心理成熟。引导属于外在力量干预,当引导方式与大学生心理不能良好契合时,不仅难以获得理想的引导效果,而且可能产生反作用。例如,部分大学生由于心理发展较为迟缓,在心理行为方面表现出适应性弱的特点,在遇到压力和困难时容易出现心理失衡,甚至导致心理障碍。这些均属于大学生个人因素范畴,主要表现在以下几点。

一是挫折承受能力较差。人的一生会经历很多困难和挫折,从来不是一帆风顺的。从发展视角来看,困难和挫折并非坏事,能够成为磨炼人的能力和性格的重要机遇。有的人在困难和挫折面前选择勇敢面对,内心由此变得强大,遇到任何事都能稳住心态,从容地应对和解决;有的人在困难和挫折面前选择退缩,可能当下不会"吃苦头",但是懦弱的性格由此形成,很难在未来发展中有所成就和收获。当代大学生生活在和平年代,并且生活水平和质量相较于父辈有明显提高,因此他们很少经历艰苦生活的磨炼,从出生那天起就成为家庭的"宠儿"。在成长过程中受到家长、教师的百般呵护,这造成很多大学生内心敏感、脆弱,在遇到挫折时难以承受。当步入大学后，独立面对生活成为常态，此时他们发现自己在很多方面难以做到合格，生活和学习不顺利，进而引发迷茫、紧张、压抑等心理情绪，为心理失调和心理冲突埋下隐患。

二是自我认知缺乏全面性。在大学校园中，大学生学习的知识更为深刻和广泛，他们能够获得充足的自我学习和探索空间，并逐步懂得自我反省。这使大学生的自我认知能力不断提升，尤其与中学阶段相比有明显变化，如大学生对自我形象更加关注，不仅重视学习成绩，还重视知识面、社会经验、人际交往能力、组织能力、个体能力水平等。这样的自我认知是有利的，但同时也存在不利因素，如有的大学生专注于提升自己的长处和优势，而对自身短处和劣势选择"避而不谈"，久而久之就会形成虚荣心理，在遇到困难和挫折时"原形毕露"。这样的反差会让他们产生自卑情绪，使其心理层面出现自我认知矛盾，破坏身体平衡，进而引发心理层面和生理层面的疾病。

三是存在性格缺陷。每个人都会遭遇挫折，而不同的人会做出不同反应，归根结底是受个体性格的影响。大学生的性格形成和发展处于动态之中，随时经历危机和考验，尤其是受到不良因素冲击后，大学生可能难以形成良好的性格，进而使自身性格出现缺陷。相关研究和调查发现，部分大学生存在不同程度的性格缺陷，主要表现为自卑忧郁、优柔寡断、爱慕虚荣、脾气暴躁、心胸狭隘、依赖性强、敏感多疑、感情脆弱、过于自我等。这些表现会对大学生心理健康产生不利影响，如果得不到正确引导和疏导，这些不利影响将会继续延伸，严重时会影响大学生的生活。

四是自我价值感较低。大学生在综合素质方面具有突出表现，是同龄人中的佼佼者。这样的地位让他们具有更强的自尊心和优越感，他们在潜意识中认为自己必将拥有美好的未来。进入大学校园后，周边都是优秀学生，此时很多学生发现自己并不如想象中的那么优秀，在很多方面与他人存在差距，此时他们会产生心理落差，之前的优越感消失得无影无踪。在大学校园中，学习成绩在学生评价中的占比有所降低，而其他能力（如社交能力、艺术素养等）受到更多关注，很多学生在中学阶段专注于提升学习成绩，其他方面较为薄弱，此时他们就会表现得无所适从，虽然成绩优异，但是在校园活跃分子面前感受到落差和失望。他们开始怀疑自己，对自己的思想行为表现出否定态度，如此累积下去将演化为更严重的失落感、自卑感和挫败感。此时他们必须得到正确有效的引导，否则将会出现心理问题。

五是理想和现实的冲突。大学生正处于青年时代，他们精力旺盛、思维活跃，如果能够把握好、利用好这一阶段，他们的未来将充满无限光明。在进入大学校园之前，他们对大学充满向往，认为大学是通向光明未来的重要途径，也是享受生活、提升自我素质的绝佳场所。他们眼里的大学不仅面积大，而且拥有美丽的风景，学生和教师的关系更加贴近，处处散发着和谐美好。可真正进入大学后，他们发现现实情况与理想存在很大差距，此时心理上出现落差。这种表现是大学生的典型特征，主要因为大学生的思想较为单纯并且缺乏社会经验，在憧憬未来时往往想得过于美好，而实际上却不尽如人意。大学生要改变这种心理特征，就要认识到现实生活中存在诸多困难和苦恼，进而逐步适应，提高心理承受能力，避免对心理健康产生不利影响。

第二章 思想政治教育在促进大学生心理健康中的意义及当前存在的不足

第一节 思想政治教育是促进大学生心理健康的重要手段

一、提供正确的价值导向

大学生需要在理想、信念、意志、品德等方面得到提高，否则难以塑造良好的心理素质，也难以达到崇高的精神境界。从某种意义上分析，思想政治教育与心理健康是如影随形的关系，当基础打牢后，学生心理就能在正确轨道上发展，进而形成健康心理。一个人在从事某项事务活动时需要得到"头脑"的指点，如人的衣食住行是通过"头脑"感觉而产生需求，之后采取满足措施，"头脑"得到满足就意味着达到相应标准。内在作用与外在作用是同时进行的，且表现在人的头脑中，以感觉、思想、动机、意志等形式存在和发展，成为后续人们追求理想的动力。

科学发展观是我国秉持的指导思想，具体到思想政治教育中，以人为本是该指导思想的核心，表现为要以提升大学生思想政治素质及促进大学生全面发展为目标。实现这两个目标能够获得以下成果：一是大学生的积极性、创造性得到充分调动，进而形成乐观向上、坚强不屈的心态；二是大学生的马克思主义理论修养得到夯实，有利于引导大学生认识自我，并懂得如何改造自我，具有奋发努力、积极向上、务实进取、勇往直前的积极信念；三是大学生处理问题的能力得到提升，尤其是能够处理思想问题与心理问题，这有利于净化大学生思想，为塑造高尚人格打下坚实基础，更为重要的是有利于大学生树立崇高的人生理想和价值观念，在做人做事过程中坚守底线、保持正确方向。大学生的需求处于动态变化中，整体呈现不断上升和丰富态势，这一过程的转变并不是一朝一夕就能完成的，还要经过深刻磨砺和反馈。当新需求与原有认知产生冲突与矛盾时，大学生需要进行自我调整，如此大学生的心理趋向才能得到掌控，在应对和指导心理问题时才能更有方向性和针对性。积极参与实践是大学生思想政治教育的重要组成，也是促进大学生心理健康发展的必经之路。思想政治教育需要持续开展，形成实践、认识、再实践、再认识的循环体系，只有这样才能引导大学生的思想、心理等正确发展，并使大学生的认识实现从感性到理性的飞跃。

二、塑造大学生健全的人格

心理健康要建立在人格健全的基础上，同时人格健全也是心理健康的重要表现。在人格完善中要坚持全面发展理念，不能只从某个方面入手，否则塑造出的人格是不健全的，是存在缺陷的。心理学教育将塑造健全人格作为重要任务，同样高校思想政治教育也将这一任务作为重点。人格归根结底表现为价值观，价值观正确，人格就会高尚，从而在面对繁杂多样的人生道路时能做出正确选择。这一过程与人们追求美好生活是契合的，当人格层面达到更高标准时，认知也会得到升华，对美好的追求不会浮于表面，而是不断追求内在和深刻内涵。树立正确价值观是思想政治教育的重要内容，这要求教育者做好引导工作，将积极向上的人生观灌输给大学生，让他们在做人做事中以正确价值观为导向，如自我认知中避免过于夸大或妄自菲薄两个极端。同样地，对他人、对社会的认知也要遵从客观原则，表现出公平公正态度。现实生活往往是复杂的，充斥着各种挫折和困难，拥有正确价值观的大学生能够始终对生活充满信心和希望，在遇到挫折和困难时敢于迎接挑战，即使受到伤害和打击，他们也能从心理层面将其当作自我提升的养料。在个人利益受到损失时，他们能从大局出发进行考量，不以个人得失论成败，始终保持心胸开阔、乐观开朗的态度。塑造大学生健全的人格对其成长与发展至关重要，而实现这一目标的重要基础是让大学生树立正确人生观，确保心理健康，并在这一状态下学习和生活。

三、培养大学生坚强的意志品质

人们在遇到困难和挫折时，需要通过意志进行克服和应对，而意志也能在这一过程中得到磨炼和升华。意志作为心理表现的重要内容，呈现出稳定特征，进而发展为良好的意志品质。一个人要想成才及实现人生理想，必然离不开意志品质的支撑。我国当代大学生意志品质发展状况整体良好，但也存在不平衡情况。高校思想政治教育是应对不平衡情况及引导大学生树立良好意志品质的重要途径，很多高校对此极为重视，并在方式方法上不断创新。例如，有的高校在思想政治教育课堂中引入优秀的影视作品，让大学生形象直观地了解杰出人物和英雄人物的模范事迹，引导他们学习这些人物所具备的意志品质，以达到提高自身意志力的目标；有的高校注重举办社会实践活动，为大学生参与实践提供渠道，让他们在实践中磨炼意志品质。近年来，高校思想政治教育有了很大改变，在多种形式的社会实践活动的支持下实现了理论与实践的结合，如青年志愿者活动、参观革命老区、勤工俭学活动等。这些活动遵循贴近学生、贴近实际、贴近生活等原则，得到了大学生的认可，促使大学生积极参与其中并以积极心态磨炼自身意志，进一步提高应对苦难与挫折的能力，并且学会自省和反思，不断改正自己的弱点和不足。

四、激发大学生积极的情感体验

人的心理活动是丰富多彩的，其中情感是重要内容，当某种情感产生后，会对人的行为起到催化作用，除了影响人的身心发展外，还能为某些方面获得成功打下坚实基础。大学生在生活与学习过程中不断产生情感，这成为影响他们思想和行为的重要因素。有学者认为人们在追求真理的过程中必须有情感加持，否则目标将难以实现。情感有积极与消极之分，积极的情感能够激发大学生更多的正能量，支撑他们克服困难；消极情感会让大学生沉浸在负能量中，难以有效克服困难与挫折，不断对大学生产生副作用，影响他们的生活和学习质量。因此，调动大学生的积极情感是十分重要的。

基于对心理学研究成果的分析，人的情感产生受到环境、认知过程、生理状态等因素的影响。在诸多因素中，认识过程占据重要位置，原因在于其与思想政治教育有着紧密关联，换言之，思想政治教育本身就是释放情感的重要载体。因此，可以借助思想政治教育这一优势引导大学生产生积极的情感体验，帮助他们保持积极的生活态度与学习态度。在思想政治教育中，理想信念教育处于核心地位，目的是引导大学生形成正确的理想信念，如爱国主义信念、集体主义信念等，进而树立与之相对应的世界观、人生观和价值观，在建设国家、造福社会大业中发挥积极作用，支撑我国向富强民主文明和谐美丽的社会主义现代化强国进发。爱国主义教育是十分重要的，在这一教育下大学生能够形成爱国情感、爱国思想和爱国信念，但仅仅如此还不够，还需要将这些情感融入学习、生活和工作，始终保持为国做贡献的准备，积极为我国现代化建设添砖加瓦。另外，思想政治教育要坚持科学的培养方式，重新审视传统的培养方式，并将其优势与现代化培养方式融合起来，这样不仅有利于大学生以积极的心态参与受教育过程，而且能为形成现代化科学思维方式创造良好条件。

俗话说"人非草木，孰能无情"，思想政治教育不能仅仅围绕思想政治理论开展和实施，还要将情感作为重要内容。思想政治教育工作者要重视大学生情感调研工作，目的是掌握大学生情感规律，进而在情感教育中做到"动之以情，晓之以理"，让大学生从内心深处认可和接受思想政治教育，并且产生积极的情感体验，为其成为中国特色社会主义合格建设者和可靠接班人打下坚实基础。

第二节　思想政治教育促进大学生心理健康存在的不足

一、校园精神文化建设亟待加强

校园文化建设是一项综合性工作，物质文化、精神文化、制度文化等均要得到重点关注，并采取行之有效的措施进行建设。校园文化建设效果会对社会主义精神文明建设产生影响，因此必须落实到位，并且不断优化调整。近年来，我国政府出台了多项政策指导和规划校园精神文化建设工作，并且要求高校领导人积极落实和完成。但受多种因素影响，当前我国高校校园文化建设效果并不理想，尤其是精神文化建设亟待加强。

（一）社会转型给校园精神文化建设带来负面影响

改革开放以后，我国对外开放程度不断加大，其他民族优秀文化成果和先进技术被大量引入，成为推动中华民族伟大复兴的重要力量。但与此同时，不良外来文化思潮也不断涌入，对我国文化发展和建设产生负面影响，国家利益受到冲击，民族信念面临消解危机。如果任由这种态势发展下去，中华民族文化体系的根基将可能被动摇。对大学生来说，这些不良的精神文化犹如思想毒药，影响大学生心理健康，造成其道德责任感下降、政治信仰迷茫、自由意识泛滥、道德人格缺失等。外来先进科技知识、价值观点、思维方式等与负面文化思潮融合在一起，为此大学生需要具备甄别和筛选能力，在吸收优秀内容的同时也要剔除负面内容。

（二）校园精神文化建设滞后

教育改革处于不断深化进程中，而改革带来诸多利处的同时也产生了一些负面影响，如高校办学功利化等。很多高校在教育文化建设中更加侧重于制度文化、物质文化等短期内见效的文化建设工作，而对需要更长周期的精神文化建设不够关注，这就造成校园精神文化建设出现严重滞后现象，学校软实力处于较低水平。

长期以来，很多高校在精神文化建设中习惯沿用传统，而很少立足于新时代进行进一步挖掘和探讨，这造成精神文化建设成果的教育功能有所弱化，难以对大学生的思想、心理、人格、价值导向等方面进行全面塑造。这种做法与科学发展观、社会主义核心价值体系是相背离的。

（三）校园文化活动水平低

校园文化活动是校园精神文化建设的重要内容和途径。当校园文化活动足够丰富时，学生可从中深受陶冶，不仅能净化心灵，而且能振奋精神，进而在学习过程中获得更强动力，以应对长期紧绷神经带来的负面影响。如果身心健康内容能够融入校园文化活动，就能成为学生身心健康发展的重要支撑。

目前，很多高校校园文化活动存在形式单调、内容乏味等问题，并且在规划设计中忽略了大学生的心理个性，使大学生难以从中充分受益；有的高校领导对校园文化活动的重要性认识不到位，在校园文化活动形式规划上投入力度小。大学生的参与热情不高，即使参与其中，往往是被动应付，缺乏主动性；有的高校在开展校园文化活动时没有把握好标准，出现"过"和"不及"两种现象，导致开展效果不尽如人意。以上做法和表现难以体现校园文化活动的真正内涵和作用，难以在促进大学生身心健康发展方面发挥作用。

二、教育内容亟待改善

（一）教育内容对心理健康的渗透性不强

在实际调研中发现，很多高校思想政治教育围绕思想政治本身开展和规划，如马克思列宁主义、党的思想路线、爱国主义情怀等是主体内容，而心理健康内容却很少涉及。这反映出这些高校对大学生心理健康教育不够重视，不能给予大学生充分的心理疏导和人文关怀。要想改变这种现状，必须把心理调节、潜能开发、情感问题应对等内容融入教学中，并且要进行重点研究和传达。人的意识是由思想和心理共同构成的，二者具有密切关系，通过相互作用、相互制约、相互影响来决定意识走向，因此必须处理好二者关系。当思想出现问题时，要积极解决，如此心理层面才能获得健康基础；而当心理足够健康时，人的思想道德素质也能够有效提高。从这一点出发，思想政治教育中不能出现"片面"现象，避免割裂思想和心理，防止对大学生全面发展产生负面影响。

（二）教育内容的制定与大学生心理健康诉求脱节

现阶段，高校思想政治教学内容存在与大学生心理健康诉求脱节现象，这与教学内容设计工作不够灵活有着密切关系。例如，在教学内容中提及大学生某种心理表现往往只是"只言片语"，没有充分研究和探讨，使大学生难以深入理解，甚至出现情理相悖现象。当今社会不断发展，尤其是在信息时代到来后，大学生获得的信息内容越来越丰富，其中感性内容占据主导，强化了他们的感性认知，而削弱了理性思考，因此思想政治教育要承担起科学指导重任，以帮助大学生健康成长。要想实现这些目标，高校思想政治教育内容必须与大学生实际情况密切关联，并且时刻从现实社会中汲取资源，让大学生在学习过程中获得更强的体验感。

（三）涉及心理问题预防的教育内容不多

当前我国很多高校大学生在心理健康方面存在一些问题，这得到了社会各界的高度关注，对高校开展心理健康教育的呼声也越来越高。从实际情况来看，很多高校的思想政治教育虽然对大学生心理健康方面有所涉及，但整体上较为薄弱，突出表现为涉及心理问题预防的教育内容较为匮乏。对待心理问题首先要做好预防工作，避免其发展壮大，成为难以解决和应对的大难题。在大学生群体中，心理问题各式各样，这需要高校进行针对性应对，而不能采取统一教育方式，避免防御工作流于形式，难以发挥应有效果。

三、教育方法有待改进

（一）过度强调显性灌输，忽视隐性渗透

高校思想政治教育可分为显性教育和隐性教育两种，二者的终极目标是相同的，只是方式方法有所区别。显性教育具有直接灌输特征，通过直接接触和学习达到教育效果；隐性教育具有间接传达特征，在潜移默化中达到教育效果。这两种方法在实际使用中是互为补充的关系，过分偏向任何一方都会影响教育效果。

在传统教育模式中，显性灌输占据主导位置，隐性渗透往往被忽略。当二者不能互为配合时，显性灌输虽然能够在短期内获得一定效果，但长远来看存在很多问题，如教育内容显得空洞抽象，多是一些大道理，而没有从实际出发设计出具有针对性的教育内容，这必然会影响思想政治教育的育人效果。隐性渗透能够在无形中营造良好的教育氛围，让大学生对思想政治教育产生更大兴趣，进而推动思想政治教育的开展。

（二）忽视社会实践在教育中的作用

高校思想政治教育的一项重要内容是大学生的社会实践。实践活动具有开发心理潜能的作用，能够帮助大学生提升心理修养与完善心理认知，进而优化心理素质，促进心理层面进一步升华。近年来，大学生社会实践活动得到了很多高校的高度重视，从内容到方式上进行创新，使高校教育发展获得强大动力。成绩是有的，但问题也不能忽视，主要表现在以下两方面。

一方面，对社会实践的重视程度不足。首先，很多大学生未能充分认识社会实践活动的重要性。传统教育理念在当代大学生群体中仍然具有较大的影响力，这使很多大学生在学习过程中偏重课堂知识学习，而对实践能力的培养和发展不够重视。其次，社会各方面的支持力度有限。大学生进行社会实践需要得到社会

层面的支持，如政府、企业、社区等都要主动提供相关资源，其中政府的作用十分关键，提供资金、打造基地等就要在政府的协调下进行。有些地方政府对大学生社会实践活动不够重视，未能充分发挥其应有职能，进而导致大学生社会实践活动在开展过程中遇到很多阻碍，开展效果难以令人满意。最后，父母对社会实践活动的支持力度不足。很多学生家长认为学生只有在学校中才能学到知识，社会实践活动会压缩学生的学习时间，不利于提高学生的学习效率。这样的认知是片面的，会成为影响大学生社会实践活动正常开展的重要因素，即使高校成功开启社会实践活动，也会因为学生家长不够支持而流于形式。

另一方面，社会实践的内容与形式有待丰富和创新。目前，大学生社会实践活动在内容和形式上有着很大的改善和提升空间。首先，活动内容具有滞后性，表现为活动内容与时代发展脱节，没有立足于大学生思想实际进行研究和设置。其次，组织形式较为单一。活动形式传统陈旧，缺少创新元素融入，如活动主体发生变化后，组织形式也要进行针对性调整，目的是让活动主体更好地接受，但是实际情况却不尽如人意，很多活动形式只是被引入和应用，效果如何却没有进行应有的研究和分析。最后，社会实践活动表现出短期性特征，如很多高校在与用人单位建立合作关系时往往只顾眼前利益，当活动结束后便各奔东西，这在一定程度上削弱了实践活动的实际效果，也在潜移默化中向大学生传达"短期应付"思想，使大学生在参与过程中缺乏长远思考。

（三）情感艺术性不强

高校思想政治教育是一项系统工程，需要考虑多个方面的因素，其中对大学生不同特征和诉求的调研是重要工作之一。大学生作为青年群体的重要组成，思维活跃、精力旺盛，同时潜藏着强烈的逆反心理，如果教育方法不当，则可能激发他们的逆反心理，不利于思想政治教育工作的顺利开展。因此，要想做好思想政治教育工作，选择适当的教育方法是第一步，之后还要赋予教育方法艺术性。其中，情感艺术是重要内容，因为情感艺术能够支撑思想政治教育方法获得最直接、最显著的教育效果。

目前，很多高校思想政治教育与情感艺术的结合效果并不令人满意，造成思想政治教育开展受到较大影响。一些教育者在教育过程中偏重"庄重严肃"地传达知识内容，缺少与大学生交流互动的亲和力，这使教育者在大学生群体中徒有表面威望，但实际上不具有号召力。这类教育者习惯采用说教方式，向大学生一股脑儿地灌输理论知识，这容易引发大学生的反感与抵触情绪，造成思想政治教育效果不佳，甚至很多时候会起到反作用。

四、思想政治教育工作者存在的问题

高校思想政治教育是一项"触及灵魂"的教育工作，能够引导大学生开启心智，并且进行灵魂改造。这样的目标决定了高校思想政治教育工作者必须具备更高的素质。在某种程度上，教育者素质越高，思想政治教育效果也会越好。教育者作为传道授业者，应拥有"一桶水"，这样才能给予每个大学生"一杯水"；如果自身水平不足，对大学生的教育将会捉襟见肘，除了难以完成基本教育工作以外，更深层面的创造性工作也难以开展。从实际情况来看，大多数思想政治教育工作者具备较高的素质，如治学态度较为严谨，道德品行较为高尚，思想政治素养较为扎实，但是部分教育者的素质不足以支撑思想政治教育工作正常开展。

（一）心理素质不高

思想政治教育是复杂的、系统的，教育者在开展教育工作时要投入巨大精力，以合理规划各个程序和环节，确保教育工作顺利进行。在思想政治教育过程中，如果教育者心理素质不过硬，容易在遇到困难和挫折时打退堂鼓，造成教育工作不能按照相应标准顺利开展。从实际情况来看，思想政治教育工作者心理素质不高主要表现为情感脆弱、意志薄弱、人际关系不协调、情绪不稳定、工作作风懒散等。

（二）角色定位不清

在开展某项工作时，要想获得良好的工作效果，首先要明确自身定位，了解自身应负起哪些责任与义务，然后才能有针对性地应对。具体到高校思想政治教育工作中，教育者不仅要承担起向大学生传达专业知识的责任，引导他们提升思想政治素养，还要开展研究工作，进一步提升工作水平，使思想政治教育内容、方法等得到革新。然而从目前情况来看，很多高校思想政治教育工作者主要扮演知识传授者角色，认为自己只要完成知识传授就意味着任务达成，而忽视了其他方面的角色定位，不能良好地贯彻与实行思想政治教育工作。一些高校中的思想政治教育工作者并不是专职教师，而是由其他岗位教师兼任的。这样一来，教育者拥有双重身份，在开展教育工作时难以做出合理安排，不仅影响最终教育效果，还会阻碍和谐师生关系的建立。

（三）教育队伍不完善

目前，大学生心理健康工作在很多高校中得到开展和落实，从事这项工作的人员以心理学教师、校内心理医护人员、思想政治教育工作者为主。这些人员往往拥有本职岗位，在开展大学生心理健康工作中主要是兼职身份，真正全职参与的工作人员数量较少。一方面，兼职人员很少经过专业系统培训，在开展大学生心理健康工作时往往依赖过往经验，当出现新情况、新现象时难以合理应对；讲解心理健康专业知识时，由于理解不到位，难以充分传达，所讲内容往往浮于表面。另一方面，兼职人员具有双重身份，需要分担出一部分精力来应对本职工作，这样一来精力不足现象十分普遍，也会造成工作过程中经常出现失误。在大学生心理健康教育队伍中，刚刚进入岗位的青年人占据一定比例，他们年纪轻、经验少，在遇到突发事件时往往难以合理应对，因此当大学生向他们发起求助时很难得到有效的引导和帮助。

（四）在促进大学生心理健康过程中创新不够

当前国内很多高校积极引入新媒体技术开展思想政治教育，希望借助新媒体在内容呈现、交流互动等方面的优势来优化教育效果，然而从实际情况来看，引入新技术固然是正确的，但引入之后却没有合理利用其功能，很多教育者只是立足于基本功能进行使用，还没有结合实际情况进行创新。例如，在向大学生呈现心理健康方面的知识时，只是通过视频方式展现，而没有对大学生的诉求进行调研，造成知识呈现过程不够生动有趣，很多大学生出现注意力不集中现象。这说明进一步创新是极为重要的，但创新并不是一朝一夕就可以完成的，还需要教育者深入研究和实践才能有所收获。

第三章　大学生思想政治教育中的心理疏导

第一节　大学生思想政治教育中心理疏导的必要性

一、国内外局势变化引发新的心理问题

目前国内外经济和文化交流频繁，思想政治教育的外部世界表现出不稳定特征，教育环境也变得更加复杂多样。国内外交流逐步延展到多个领域，使社会思潮不断推陈出新，而生活于其中的人们在新的社会思潮影响下会进一步思考和探究社会发展的现状和问题，从而使不同价值观之间的交流与碰撞更加激烈。这些新变化与新内容对思想政治教育产生了一定冲击，如当多元价值观呈现在大学生面前时，思想政治教育工作者需要革新引导方式加以应对，尽量确保大学生在树立多元价值观的同时，能够剔除其中的负面内容。价值观已成为思想政治教育的重要内容，不同的价值观使大学生在事物认知方面存在差异，即使是真理性内容（如爱、友善等），大学生也会持有不同的观点或看法。面对新的观点或看法，思想政治教育工作者要深入分析和探究，找出其中的错误和消极内容进行重点"鞭笞"，引导大学生远离和规避负面影响，进而使大学生树立正确价值观并获得积极向上的正能量。

二、大学生成长和发展的需要

在新时代，大学生的思想理念、生活方式、学习方式等发生了很大变化。究其原因，高校校园是重要影响因素，因为高校往往是新思想、新信息的前沿集聚地，大学生可从中快速获得这些内容。同时，大学生群体的相关特征也发挥了推动作用。具体来说，大学生群体具有接受能力强、社会经验不足、辨别能力弱等特征，接触多元价值观后，他们容易受到影响。高校思想政治教育在多元价值观冲击下迎来了多种挑战，其中做好大学生引导工作是重要挑战之一。大学生思想活跃，极易产生变化，而这些变化往往是内在的、无形的，高校教育者很难准确

把握和认知，因此如果引导策略的针对性不强就会使大学生在树立价值观时出现"意料之外"的结果。思想与行为之间具有紧密关系，思想能够引导和支配行为，但这一过程往往不是"瞬时而发"，而是需要经过消化和处理的过程，这就使思想和行为出现了不同步现象。这一现象会使思想政治教育陷入困境，尤其是注重灌输的传统思想政治教育模式更是如此。传统理论教育在当今时代依然具有不可替代的作用，但在实际施行中不能以此独尊，否则会导致思想政治教育实效性不断下降，如当今时代多元价值观使理论教育内容更加丰富多样，但其中有很多内容不适于采用传统理论教育方式进行传达，如果强行实施，大学生的接受效果必然受到负面影响，不利于其心理健康发展。革新方式方法势在必行，这样才能促进理论教育得到优化，使思想政治教育的重点和难点得到充分阐释。尤其是具有人文关怀性的方式方法得到采用后，思想政治教育能够发挥更好的心理疏导作用，让大学生在教育过程中获得心灵安慰与情感归宿，从而消解内在焦虑情绪，心绪变得更加平稳，更好地应对不良情绪和外在压力。现代思想政治教育是在新形势下运转的，开展人文关怀和心理疏导实践活动迫在眉睫，该做法充分响应了"以大学生成长发展为中心"的思想理念，能够更好地发挥教育的引导作用。同时，该思想理念还能为大学生健康发展实践活动规划提供指导，帮助高校思想政治教育更好地应对和破解当前困境。

第二节　大学生思想政治教育中心理疏导的方式

　　大学生思想政治教育方式的改进和优化是新时代教育领域的一项紧迫任务。在当代大学生群体中，有很多大学生在心理方面存在亚健康现象，这与社会矛盾凸显、学业压力沉重、期望过高等有着紧密联系。这些现象是客观存在的，是不可能完全消除的，只有应对和适应才是正确的做法。学生进入大学校园后，与社会之间的距离进一步拉近，多体现在人际关系变得复杂多样，大学生身处其中必然会深受影响，如果不能良好适应，则容易引发心理层面的问题。另外，大学生的自我压力也会增大。随着年龄增长与社会阅历增加，大学生逐步意识到提升与增强自身能力才能在社会中立足，如果做不到这一点，则容易在竞争中被淘汰出局。当他们感受到越来越大的压力后，就会更加努力地学习，可现实往往是残酷的，如学习环境的复杂化会对学习过程产生阻碍作用，一方面影响学习效果，另一方面进一步增大大学生的心理压力。从实际情况来看，很多大学生进入大学校园后失去了目标和方向，变得焦虑、迷茫，不仅不能和老师、同学愉快地相处，在学业上也因为成效不佳而失去希望，甚至抛弃学业走向极端。高校应重视这些情况和现象，并通过改进和优化思想政治教育方式对大学生进行引导。高校中往往设有心理咨询机构，目的是对大学生进行心理辅导，帮助他们走出心理困境，但是这种方式往往只能起到短期缓解的作用，要想真正引导大学生心理健康发展，必须找到其出现心理问题的根源。对于高校思想政治教育来说，增强人文关怀有利于拉近教育者和大学生之间的距离，能够帮助教育者了解大学生产生心理问题的原因所在，进而采取有针对性的引导方式予以应对和处理。社会实践也要在思想政治教育中得到重视，并且融入人文关怀以利于创建更好的社会实践活动，让大学生在参与过程中获得磨炼，保持良好的、积极向上的心理健康状态。

一、以社会实践作为心理疏导的重要途径

思想政治教育具有显著的实践性，表现为通过教育实践活动引导受教育者在思想素质方面获得提升，在这一过程中教育理论阐释不可或缺，但所占比例要得到控制，不能压缩教育实践的空间。马克思主义十分重视实践，在揭示社会与人的关系时将实践作为重要依据，认为没有实践，社会则难以满足人的需求，人同样难以为社会发展做出贡献。这一观点为思想政治教育的存在和发展提供了本源性论证。大学生群体在心理层面存在积极表现与消极表现，当二者关系失衡时会造成大学生产生内在矛盾，成为形成心理问题的重要因素。同时大学生自我意识不断增强，对自身认知更为深刻，更能感知内在矛盾的存在，此时如果自我认知停滞不前，就会引发心理问题。在当今社会，多元化特征愈加凸显，这源于对外开放程度的不断加大，社会环境不再单一与封闭。对于生活在其中的人们来说，原有的一元化价值认知逐步消解，他们开始关注多个方面的表现，其中尊重个体主体自由是重要表现。个体作为社会重要组成部分，当个体个性得到凸显，个体选择丰富多样后，原有的价值体系与行为方式就会向多元化、离散化方向发展，

从而产生思想问题。有学者提出思想问题的解决要依赖行动，通过行动寻找问题根源，并在行动中予以解决和应对。

（一）实践理论是践行心理疏导的重要导向

人的全面发展要经过生产劳动和智育、体育等结合过程，如此培养的人才能在社会改造中发挥重要作用。人们在进行学习和接受教育时不能局限于学校，而应拓宽视野，与实际生活紧密联系，如此培养的人才是可信赖的。人的思维发展具有客观性，这意味着人的思维会在实践中得到优化和发展。从本质上分析，社会活动均产生于实践之上，没有实践，人们的思想认知、生活方式等就会停滞不前。人具有社会属性，基于此，思想政治教育也具有社会性，并在思想政治教育开展过程中使人的主体性得到有效践行。因此，思想政治教育不仅可以融入实践元素，还能够体现人的主体价值。人的生活状态离不开现实社会关系，这决定了人的思想意识围绕社会进行客观反映。具体到思想政治教育中，大学生要想具有符合社会实际的价值观念、道德情操和高尚品质，则必须有机会、有渠道参与社会实践。心理疏导是社会实践中的重要环节，主要发挥着引导大学生正确认识实践的作用，使其在实践过程中保持良好状态。实践理论作为践行心理疏导的重要导向，应在沿承过去理论的基础上不断融入新内容，但始终要以马克思实践理论为导向，如此心理疏导才能形成新的模式，才能在践行社会实践教育价值中发挥重要作用，为大学生人文素养和心理健康素质的提升做出贡献。

（二）社会实践是心理疏导的有效渠道

实践活动贯穿于人类发展的整个过程，社会关系、社会模式等的变化与变革都离不开实践活动的支持，反过来实践活动也受到社会关系的制约，因此在开展社会实践活动时一定要对社会关系进行充分了解和认知，如此才能构建科学合理的活动形式，帮助大学生在实践中获得心理疏导的同时深入了解社会。当代大学生开放程度更高，独立性更强，受到的社会关注更多，在这些变化的背后是大学生心理矛盾不断博弈的过程。从现实情况来看，学生进入学校接受教育就会与社会脱节，社会生活经验较为缺乏，实践能力也较为不足。当学生进入大学校园后，他们对大学校园浓厚的社会化氛围感到明显不适，由此心理层面开始发生变化，而产生价值观冲突是必经阶段。

　　大学生思想政治教育与社会实践有着紧密关系，社会实践中的相关事物会对思想政治教育产生深刻影响，也会对大学生心理发展有所干预。首先，社会实践能发挥载体和平台作用，让大学生对其中的社会关系、社会生产力等有深入了解和认知，进而对当今社会进行正确评价和判断。这一过程能够起到心理疏导作用，帮助大学生缓解心理焦虑，减少不必要的担忧和恐惧。其次，社会实践活动可为人文关怀的践行提供支持。大学生参与其中可获得人文关怀，如实践活动能够拉近教师和学生、学生和学生、学生和社会之间的距离，而后通过交流互动了解彼此的心声和感受，既有利于改善人际关系，也能获得心理疏解，减少不必要的精力消耗。高校在对大学生的思想政治品德提出要求时一定要结合社会实践，不能照搬以往成果，否则大学生容易对思想政治品德内容产生怀疑，表现出抵触与不配合，不利于大学生优秀思想品德的培养。最后，大学生在社会实践活动中能够进一步学习，为自身成长提供助力，为自身社会化转型打下基础。高校要想方设法地激发大学生积极投身于社会实践的动力，这有利于矫正大学生对社会的不合理认知，使大学生提前思考和分析未来可能充当的社会角色。社会实践的主体是人，失去人的参与，社会实践就会失去意义和价值，这要求高校在开展思想政治教育的社会实践活动时，一定要将师生放在重要地位，以保证社会实践活动可以满足他们的需求和诉求，为更好地发挥心理疏导作用打下基础。

二、深入挖掘思想政治教育心理疏导社会实践资源

（一）细化社会实践资源目标，实现与心理疏导的契合

　　思想政治教育与社会实践的关联性为规划社会实践活动打下了坚实基础，在规划过程中，思想政治教育始终发挥着导向作用，社会实践资源在其引导下有了深层次细化，尤其是涉及具体环节时更要精心对待，如目标环节除了细化之外，还要具体进行阐释和呈现，这样才能充分发挥高校思想政治教育心理疏导的实质效果，使心理疏导与社会实践紧密结合。大学生社会实践活动在形式规划上要注重心理疏导的要求，形成行之有效、科学合理的社会实践活动形式。心理疏导在相关学科支撑下集聚了丰富的内容，而在与社会实践活动进行结合时，不能只从

实践活动本身出发，还要关注思想政治教育目标，这样才能使活动内容更具价值和意义，进而在发挥心理疏导作用时层次更深、相关环节更紧密。理论知识从实践中获取，反过来又能指导实践。大学生参与实践活动可提升知识素养，也能锻炼自身，并能认识到自己的社会责任，积极通过自身努力为社会发展做出贡献，大学生的文明自律意识也能得到增强，学会遵守道德要求，做一个有道德、有理想的时代新人。社会实践目标在细化过程中要与心理疏导具体实施环节紧密结合，如此可体现更深刻的教育意义，使心理疏导过程发挥更大作用，为大学生提升综合素质及进入社会做好准备。

社会实践资源细化要建立在深入研究社会实际的基础上，目的是确保细化结果与社会生活紧密关联，让大学生在参与实践锻炼时更加科学合理，如参观访问、社会调查、社会服务、社会公益活动等是当下最常见的社会实践活动形式。这些社会实践活动的确发挥了独特的教育作用，在心理疏导方面有所贡献。从长远来看，进一步研究和探讨社会实践方式是十分有必要的，其目的是开发出更加符合实际、实践目标更加细化的社会实践活动。另外，社会实践基地建设也要被纳入规划进程，确保大学生实践活动具有更强的可行性，同时社会层面也能更顺畅地接纳大学生实践活动。大学生思想认知和价值观的塑造离不开互动交流。社会实践活动能够充当大学生与社会互动交流的重要载体，并在思想政治教育引领下进一步优化，使大学生的人文素养和心理健康得到发展。

（二）深入挖掘思想政治教育现代性特征的社会实践资源

思想政治教育实践资源丰富多样，如爱国主义教育、伦理道德教育、人文素养教育等，这些内容在心理疏导方面有着积极作用，有利于促进大学生心理健康教育。在德育视角下，思想政治教育实践资源挖掘主要集中于人的品质锻炼和磨炼方面，当这些内容能够进入大学生内心深处并且实现内化后，大学生的心理面貌就能焕然一新。随着经济高速发展，社会多元化的同时也产生了很多矛盾与冲突。应对这一现状离不开思想政治教育的支持，而基于此开展思想政治教育时，要立足现代社会特征提取相应的实践资源，目的是给予大学生更真实的社会感受，使学习和实践过程更具针对性，有利于大学生积极应对遇到的问题。这能够推动大学生思想政治教育与社会大环境接轨，进而充分展现社会对人才的要求并反馈给大学生，使大学生在学习过程中更具针对性和目的性，进而发展为符合社会需求的人才，更好地服务社会和建设社会。社会实践资源在得到应用时，需要深入挖掘内在意义，尤其是立足于心理健康教育进行探讨和分析，这样有利于社会实践资源发挥实践作用，同时也能为开发更多实践资源创造良好条件。近年来，志愿者活动在大学生群体中得到广泛开展，很多大学生参与其中并实现了锻炼自我和提高自我的目标，并且具备了更强的风险意识和社会责任感。该类活动应沿承下去，让更多的大学生从中受到感染和熏陶，使其意志品质、道德素质等得到磨砺和升华。当大学生深入领会志愿精神后，其心理态度就能向更积极的方向发展，有利于塑造健康心态，在稳定当下生活与学习状态的同时，为后续进入社会作铺垫。

（三）促进心理辅导工具性和目的性的统一

目前思想政治教育正在逐步完善，并且得到了高等教育机构的重视，呈现出更强的发展活力。大学生社会实践活动脱胎于社会现状，不仅体现了社会需求，而且将学生个体生活作为重要考量对象，其目的是确保社会实践活动具备更突出的实践价值，让大学生参与其中并得到有价值的培养。社会实践能够从根本上为大学生的全面发展提供服务，同时也能将心理问题化解在萌芽状态，避免对大学生心理健康产生负面影响。具体到心理辅导中，社会实践可充当工具性内容，表现为具体手段和方式方法，心理辅导的目的性也要加强，与工具性达到统一，二者的统一可以使心理辅导发挥更大的作用。

1. 注重心理辅导，强化社会实践在思想政治教育体系中的作用

社会实践活动是思想政治教育的重要环节和内容，但很多人认为社会实践活动是一项补充举措，进而在心理层面有所轻视。要想扭转这一态势，需要对社会实践中与心理辅导相关的各类资源进行深入挖掘，使社会实践活动在心理辅导方面发挥更大作用。大学生参与社会实践是获得成长的重要途径，同时知识、愿望、信仰、技能、审美情趣等方面都能够依托该途径实现物化，切实为大学生在社会中获得更好发展提供支持。当大学生从中受益后，不仅会更加重视这些方面的巩

固与提升，而且能在心理层面获得疏导，缓解焦虑、烦躁等负面情绪，降低出现心理问题的概率。社会实践活动在大学生思想政治教育中占据重要地位，当心理辅导与社会实践活动紧密联系后，心理辅导的比重也能有所增加，进而得到教育者的更多重视，使其在开发心理辅导课程方面投入更多精力，促进心理辅导课程向课程化和体系化方向发展。

2. 社会实践与大学生心理疏导进一步整合

第一，在社会实践活动中强化自我心理意识的地位和作用。社会实践是修养身心的重要途径，在心理疏导方面也表现出更强的实效性。心理疏导主要作用于大学生自我心理意识，让他们在认识自身时更加理性和全面，避免局限于某些方面。同时，大学生也要学会与周围人进行互动，开阔视野，消解那些微不足道却容易产生较大负面作用的不良情绪。社会实践活动中要融入人文关怀理念，当社会实践过程充满人文关怀后，大学生对自我的认知会更加理性，有利于其接纳自我，无论是优点还是缺点都能给予客观评价。人文关怀还表现在同学、教师、社会给予的关爱情感上。他人的关怀能让大学生意识到自己并不孤独，进而学会尊重和爱护自己，也能对他人表现出尊重和爱护。每个人都有长处和短板，对于这一点大学生要有深刻的认知，并且通过展示真实自我来促进内在心理接纳自我。这并不意味着大学生要满足现状，而是要在认识和接纳自我的基础上更有针对性地改变和塑造自我，进而打造一个全新的自我。

第二，在社会实践活动中塑造良好的心理情绪状态。人的心理活动伴随着相应情绪状态的出现，而当这一情绪长期存在和累积后，内在心境就会进一步受到影响，如果情绪是负面的、消极的，就会出现心理问题，从而对心理健康产生不良影响。人们在学习、生活等活动中表现出相应的情绪，目的是激发内在动力，更有效率地应对问题。思想政治教育社会实践活动为大学生提供了与自身情绪近距离接触的机会和平台，让他们了解情绪的作用机制和作用过程，进而在情绪发展过程中有意识地进行调整，尽量缩短从不成熟到成熟的周期。情绪发展与认知发展相比存在一定的滞后性，因此大学生虽然具备较高的知识素养，却往往控制不好情绪，容易频繁地出现情绪波动。对于教育者来说，仅从认知层面进一步巩固和加强以调节情绪是不够的，还要为大学生提供实践渠道，让他们在实践中深入认识自己，进而树立自尊心、自信心，培养大学生的理智感、道德感、美感等高级情感，为情绪优化与情绪控制提供支撑。实践活动能够开阔视野，使大学生变得更加豁达乐观，并且在遇到问题时学会使用辩证思维进行思考，不要一味苛责，要拥有宽容的态度。此外，实践活动有助于帮助大学生养成珍惜时间、规划时间的良好习惯，这对大学生高质量完成学业有着巨大帮助，当大学生在很多方面不断收获成绩后，心理层面的负面因素就会不断减少。

第三，在社会实践活动中建立良好的人际关系，增强心理适应能力。基于交往实践理论，人与人之间的交往互动是在实践活动中形成和发展的，这也揭示了人的社会本质。人是社会的重要组成，社会包含无数个体。个体之间在进行交往实践时既有物质交往也有精神交往，而具体到思想政治教育领域，精神交往更具价值。精神交往是人际交往的核心，要想做好心理辅导，需要注重精神交往研究，并将其转化为行之有效的心理疏导方式。在心理学家看来，人们产生的心理适应过程主要围绕人际关系展开。人际关系是人们在物质交往和精神交往过程中建立的联系，如果以交往实践理论进行审视，人际关系应将民主、平等、开放、互动等作为遵循的目标，而当人际关系达到这种程度，就能指导大学生在人际交往中学会尊重他人，并且做到诚实守信、合理竞争，这样有利于大学生维系良好的人际关系，进而形成融洽和谐的心理状态。处于这样的心理状态下，就能保证大学生的身心健康及幸福感指数得到进一步提升，并且在追求人生价值过程中形成助力。

第四，在社会实践活动中锤炼心理承受能力。大学生进入大学校园标志着独立生活正式开始，在新的环境中大学生要找到新的起点，并在新的需求下开启新的学习和生活。因此，学会独立思考和解决问题是极为必要的，因为在大学生活中会遇到很多困难和问题，如果不能正确应对和处理，就会对大学生的身心发展产生巨大影响。有人将大学比作象牙塔，但是随着大学和社会进一步接轨，大学也表现出更大的复杂性，这使大学生产生不适感，也让大学生遇到很多新的挫折与困难，长期生活其中，身心难免受到伤害。所以，对大学生进行心理辅导是十分必要的，这样可以有效增强大学生的心理承受能力，使其在面对困难和挫折时保持正常的心理状态，平和应对，积极生活。但是普通的心理引导和疏解往往治标不治本，只有与社会实践相结合才能从根源上解决问题，使大学生的心理承受能力切实得到提升。大学生参与社会实践活动，从中接触到更多压力和挫折，但社会实践活动有其特殊性，不是冷冰冰地向大学生展现，而是融入关爱和尊重，鼓励大学生直面挫折和困难，并在不断认知和实践过程中获得成长，具备更加顽强的毅力和意志品质，勇敢地战胜困难，并且逐步走向成熟和坚强。

第五，在社会实践活动中形成良好的学习和生活习惯，并具有良好的心理素质。大学生要想成为合格人才必须提升自身的素质和能力，而要想实现这些目标，做好心理辅导至关重要。大学生在完成学业过程中要学好科学文化知识及精深广博的专业知识，这一过程就需要良好习惯的支撑，如果只是一时心血来潮，往往只能获得一时效果，而无法长期从中受益。心理辅导以获得良好的思想政治素质、道德素质、科学素质、身心素质等为目标，当大学生实现这些目标后，自信心会得到巨大提升，进而成为行为习惯养成的重要助力。社会实践活动要基于思想政治教育的相应目标进行规划，大学生参与其中不仅能够近距离接触社会，还能够促进自身人文素养得到提升，为成为健康与积极向上的人才打下基础。实践过程也能够起到升华价值观的作用，对于大学生来说，升华过程可发挥心理调适作用，提高人际交往能力，如在人际交往中更加热情，主动向有困难的人伸出援助之手。这样的行为可以得到他人的认可，自身也能从中收获鼓励和激励。当大学生形成良好的学习和生活习惯后，除了可提升自身人文素养外，还能构建强大的心理健康堡垒，使大学生在积极向上、和谐友好的氛围中成长和发展。

在过去，大学教育侧重于向大学生传达各种知识，提升大学生的知识素养水平，并引导大学生学会处理个人利益与国家利益之间的关系，让大学生在顾全大局的前提下追求自身利益。但这种教育对大学生心理健康教育方面关注度不足，对如何认识自我、如何处理人际关系等没有进行系统阐释和实践支持。针对这一情况，高校思想政治教育应在培养目标方面做出调整，要将思想政治素质提升与个体全面发展放在首要位置。在思想理念上应强化以人为本，确保大学生在成长和发展过程中获得足够的人文关怀，为心理疏导的有效实施打下基础，这也有利于提升思想政治教育的实效性，切实提升大学生的思想政治素养。

三、构建以心理疏导为主旨的新教育模式

大学生思想政治教育是一项系统工程，环节复杂、内容多样，需要多项工作提供支持，并且还要随时做好创新的准备。课堂教学是大学生思想政治教育的重要方式，而从实际情况来看，这一方式难以满足大学生全面发展的目标，因此必须对该方式做出调整和革新，还要构建新模式以弥补其不足。对大学生思想政治教育现状进行理性分析是必要的，目的是深入挖掘存在的问题，并对背后的原因进行深入分析。在这一基础上，课堂教学能够得到优化，社会实践活动也能科学规划，让大学生参与其中并获得更多的自我思考空间，找到适合自身情况的发展道路。因材施教是教育领域的重要教育理念，是立足于大学生差异提出来的。每一名大学生都有自己的人生经历，心理世界也各具特征，如视野层面有宽有窄、感悟能力有高有低等，思想政治教育采取的统一育人方式难以让大学生得到有针对性的引导和教育。社会实践可为因材施教提供支持，帮助大学生在实践过程中认识自身优势和长处，进而有针对性地予以提升和培养。除此之外，社会实践还能帮助大学生探索自身使命和价值，使他们在人生道路上更有方向和目标。目前，大学生在日常生活学习中得到的关心和关爱较为不足，难以为构建心理支持系统提供有力支撑，因此积极改进与完善教育模式是极为必要的。

（一）高校思想政治教育实践教育新模式探究

1. 高校思想政治教育志愿服务制度化

志愿服务在高校思想政治教育中发挥着重要补充作用，是思想政治教育做好心理辅导的重要途径。志愿服务产生于人类文明不断成熟的过程中，可以作为衡量现代文明程度的重要内容，围绕志愿服务构建思想政治教育方式对提升大学生思想道德素质有着重要意义。21 世纪，无论是教育领域还是社会发展领域都展现出新形势，要想适应新形势就必须有所创新，而志愿服务可以作为创新的切入点。大学生在参加志愿服务时，不仅可以参与社会主义现代化建设，而且能在实

践中锻炼自我与认识自我，进而增强社会责任感，懂得为社会发展奉献自身力量。由此可见，志愿服务能够成为大学生思想政治教育的有效途径，但从实际情况来看，很多高校对该资源的开发和应用较为不足。在西方国家，志愿服务已经较为普及，人们在日常生活中可以随时随地参与。我们在向西方国家学习时应对自身国情进行深入分析，不能简单照搬。基于我国志愿服务具体情况和国情分析，志愿服务制度化应成为重要举措，其目的是支撑志愿服务保障体系得到构建和进一步完善。

首先，高校应革新评估机制，切实为志愿服务形式优化提供支撑。高校思想政治教育应纳入志愿服务，构建科学合理的评估机制以确保志愿服务的正常运行。当大学生参与后，他们的志愿服务热情可以得到进一步激发，并进一步升华为志愿使命感和荣誉感。这样能够凸显志愿服务的重要价值，使大学生在参与过程中获得愉悦的感受，进而提升参与热情，逐步在心理层面积聚正能量，成为维持身体健康的重要保障。不同的大学生表现出不同的个性需求，同样社会需求也呈现多样化态势。考虑到这些内容，志愿服务制度化构建应足够灵活，切实满足实际情况需求，如激励制度要划分多个层次，确保参与其中的大学生能够得到有效激励，这有利于激发他们的感恩心理，使其对志愿服务有更深的理解与认可，也更愿意做出贡献。

其次，高校要做好统筹协调工作，推动志愿服务平台得到有效搭建。志愿者服务工作需要高校的多个部门配合完成，并且在遇到新情况时，部门之间要进行动态调配，使志愿者服务得以切实开展并发挥作用。要想实现这些目标，高校领导要着力构建统筹协调机制，以明确制度指导和监督校内部门高效率开展工作。从实际情况来看，目前志愿服务形式呈现多样化态势，所展现出的价值意义也是多种多样的。高校应注重整合这些资源，但是不能简单照搬，而是要基于自身实际情况进行精心组织，如选择适合大学生的志愿任务，最大限度地确保大学生的安全，并且从中收获符合自身需求的意义和价值；志愿服务各个环节要与高校工作体系相匹配，这样有利于保障志愿服务的有序开展，同时不影响正常的学习生活秩序。

最后，高校要采取多种举措为心理疏导渗透进入志愿服务提供支撑。高校可以建立心理咨询中心，并招聘专业人才为学生提供个别或集体心理咨询服务。心理咨询中心可以提供学生心理咨询、心理测评、心理干预等多种服务，帮助学生了解并排解内心困扰。此外，心理咨询中心还可举办心理健康讲座、心理疏导工作坊等活动，让学生从中学习心理健康知识和应对技巧。高校可以开设相关心理课程，这些课程可以包括心理学原理、心理健康教育、情绪管理、压力应对等内容，帮助学生增加心理知识储备，培养积极的生活态度和健康的心理状态。此外，高校还可以组织心理知识讲座、竞赛等活动，激发学生对心理学的兴趣，促进学生积极参与心理疏导志愿服务。此外，高校可以与社会心理组织合作，共同开展心理研究与实践活动。例如，与心理学研究院、心理咨询机构等相关机构建立合作关系，共享资源和经验，举办心理研讨会、学术讲座等，提升大学生的心理研究能力和应用能力。同时，高校还可以组织大学生参与社会心理调查、心理志愿者活动等，为社会提供心理服务，培养大学生的社会责任感和志愿服务意识。例如，在开展某项志愿活动过程中，大学生与他人密切接触，当自己的奉献换来他人的微笑和热情友善的互动时，内心深处会受到触动，对现实社会的认知就会向良性方向发展。从情感体验层面分析，大学生与他人之间的情感交流能够帮助他们懂得友爱，懂得如何与人沟通，懂得如何抗压，等等。这些体验是宝贵的，能够成为大学生道德提升的催化剂，促使大学生的素质与道德境界不断提升。

2. 高校思想政治教育社区服务常态化

在古希腊时期，亚里士多德提出，城邦是人们追求幸福生活的重要载体，这里的"城邦"不仅是现实中的人流聚集地，还意味着共同生活状态。共同生活能够营造更为浓厚的人文氛围，有利于满足人们的精神层面需求。人具有社会属性，而当人与人共同生活组成社区后，社区也具有社会属性，这样就能够为高校思想政治教育提供实践资源。例如，高校可以围绕社区服务开展社会实践活动，让大学生体验社区生活，并与社区人群建立和谐的人际关系，更重要的是体验良好的人文氛围，进而实现思想道德不断提高的目标。社区属于社会，是社会的缩影，社区规模虽小，但也是"五脏俱全"，透过社区能够看到各式各样的社会形态。

社区活动属于社会实践活动中的一种形式，大学生参与其中既要承担一定责任，也能够享受相应的权利。当二者达到平衡状态后，大学生对社区的认知与了解将更加深入，能够在社区中更为顺畅地工作和生活，当出现新的冲突时可以灵活应变，而在走出社区进入社会后，就能够更好地适应社会，减少初入社会时的不适感。因此，社区服务在高校思想政治教育中应得到高度重视，可是从实际情况来看，很多高校只是表面引入，并没有切实推进社区服务并发挥其应有作用。针对这一现状，实现社区服务常态化是重要的发展方向，这样能够确保社区服务不断向高校思想政治教育输送资源。

社区服务能否持续有效及实现常态化的关键在于社区服务基地的构建。当社区服务基地切实得到构建并且搭配常态化机制后，就可以保障社区服务的长效提供。社区服务包括很多内容，其中蕴含的资源十分丰富，这是长效提供服务的基础，也是高校常态化构建的前提。社区服务常态化的重要表现是连续性，仅仅开展一两次是不够的，也无法发挥其真正的作用，人际交流得不到明显收获，造成大学生参与社区服务的积极性与主动性无法达到理想程度。社区服务要想发挥实效，既需要保持连续性，也要确保多次数，更需要做好后续观察和评价工作，及时对社区服务的不足做出调整和优化。很多高校只是偶尔进行社区服务，这样的做法往往会使社区服务陷入形式主义误区，难以为道德教育培养提供有力支持。构建社区服务基地后，社区居民也能获得参与渠道，这有利于大学生与社区居民建立互动交流关系，从社区居民口中更加深入地了解社区。劳动是一项磨炼身心的活动，人们参与劳动会感觉疲累，但更多的是收获的愉悦。大学生在与社区居民交流和互动的过程中能够收获人文关怀，激发他们对社会和社区更强烈的热爱。社区服务有效性的提升离不开常态化机制的完善，在这一基础上纳入思想政治教育并搭建服务平台，能够为大学生参与社区服务并从中收获反馈提供支撑。

3. 高校思想政治教育参观实践目标化

新时代高校思想政治教育要高度重视参观实践的重要价值，而在实际应用中，参观实践活动在目的性方面较为不足，造成参观实践资源难以得到充分挖掘。开展参观实践活动应设定特定的教育目标，并且该教育目标要与高校思想政治教育紧密关联。做好这些工作后，接下来要采取有效措施将教育目标传达给大学生，让他们深入理解与认知，进而更好地教育、引导和激励大学生。这样能够避免参观实践活动陷入盲目性和无意识性误区，也会更加有利于体现活动价值。

参观实践目标强化后，接下来是进行思想动员。高校思想政治教育的核心任务是塑造大学生高尚的思想道德品质，并引导他们树立正确的价值理念，形成更加健康的心理态度。要想切实完成这一任务，需要激发大学生的参与热情，让他们对参观实践活动更加认可。这样大学生的思想和心理状态才能获得转变，更重要的是激发大学生的内在精神动力，使其在教育实践中更加积极主动。大学生在参观实践活动之前应对实践活动的目标、开展步骤、价值等有充分的了解和认知，这样可使大学生在思想和行为层面达到更高的程度，有利于推动实践活动的切实开展与运行，为切实完成参观实践任务打下基础，使思想政治教育目标得以真正实现。动员工作十分重要，主要是让被动员人员明白参与的原因、参与的目的、所获得的结果等，进而在实践活动中更有目的性、针对性地开展工作。在动员大学生时，要注重结合大学生的个性特征，不能简单采用常规动员方式，否则难以获得理想的动员效果。

组织引导工作要适度，不能为了达到某个目标而过于渲染和强化某项举措，否则目标内化将会受阻，不利于调动大学生参与实践活动的积极性和主动性。例如，组织引导要与人文关怀相融合，以人文感染大学生内心，如果太偏向制度约束，就会带给大学生冷冰冰的感觉，不利于温暖其内心，其内在热情也难以被激发出来。参观实践活动状态衡量是一项重要工作，能够让人们了解大学生的表现和能力的区间范围。当该区间范围更大、力度更强时，意味着大学生能从中收获强大的精神力量，而后转化为自身调整行为的动力，为教育目标的实现提供有力支撑。大学生的内在精神诉求应得到重视，参观实践活动应设立衡量和评价体系，为活动开展方调整开展策略及促进大学生的自由而全面发展提供支撑。高校思想政治教育引入参观实践活动必须注重其中的教育意义，推动的活动内容应具有更浓厚的人文素养，并且要优化教育资源，剔除不合时宜的内容。

（二）实践教育中融入丰富多样的心理疏导思想

1. 助人关怀的感恩教育

社会实践包括多种方式，助人关怀是其中一种。助人关怀的感恩教育应在大学生日常生活学习中广泛应用，引导大学生学会表现爱，学会将爱播洒于社会的每个角落，让需要帮助的人感受到爱。人在无助时需要爱的鼓励和关怀，当从他人之处获得爱后，自身也能学会表现爱。正所谓"赠人玫瑰，手有余香"，"爱"的付出和收获往往是双向的，并且会深入心灵。如今，部分大学生在多种因素的影响下表现冷漠，人与人之间的交流多具有功利化色彩。当给予他们"爱"后，这一特征能够得到扭转和改变，让大学生逐步学会为他人着想和奉献，进而在心灵上得到升华，明确自身人生价值并主动追求和实现。社会需要营造助人氛围，社会实践活动是重要途径。例如，大学生参与实践活动后，助人的品质能够得到提升，更主动地帮助他人；未来进入社会，大学生会高度关注弱势群体的生活状态，并积极参与相关活动，如进社区活动、进养老院活动等。弱势群体需要关爱，大学生在为他们提供帮助的同时，自身也能收获更多，如感受弱势群体的心理诉求，感受助人过程中人与人友善交流的氛围，感受助人行为的温暖，等等。心理辅导可以借助外力，但最终要转化为内力才能发挥作用。大学生在助人过程中可以获得亲身内在感受，更容易转化为内力，除了发挥有效的心理辅导作用外，还能提升大学生的社会实践能力和人文素养，让大学生在社会中找到归属感。引导大学生学会珍惜和感恩，逐步变得胸怀广阔，不斤斤计较，不钻牛角尖，遇事从容不迫，始终将服务社会、帮助他人作为思想行为目标，感恩的心便会由此生成。

2. 生命关怀的智慧教育

生命关怀教育是围绕生命展开的，既要凸显生命的动态化特征，也能为不同生命之间实现对话提供渠道和平台。通过生命关怀教育，师生之间的关系得到重塑，共同成长成为他们的思想和行为理念，并通过实践促进双方获得新生。大学生整体发展指的是大学生各个方面得到优化和提升，其中内在塑造十分关键。当大学生内在潜能得到唤醒、个性得到发展后，不仅有利于培育大学生的优良品质和提升大学生的人生认知，而且能引导大学生深入认识生命主体价值，懂得自身存在于世的重要性，从而变得更有热情和激情，在学习和生活中更加积极向上，确保身心健康，并获得良好的整体发展。关怀生命可在潜移默化中形成正确的人生态度，心胸和视野更加开阔，变得豁达乐观、安然自处，这有利于降低大学生出现消极悲观情绪和负面心理的概率。每个人的生命只有一次，拥有生命是拥有身心健康的基本条件，进而才能为实现人生意义搭建平台。但是，如果生命处于封闭空间内，长此以往生命的活力将会逐渐泯灭。只有积极融入社会生活才能永葆活力，有力地生活下去，在与他人的沟通交流过程中反思生命的价值和意义，进而找到行之有效的实现途径。人的社会性本质是一道保护罩，能够让人在繁杂的社会中生存，并逐步获得生活智慧。这一过程要经历深入思考，思考的内容包括生命意义、生命与人生价值观的联系等。生命与实践是相辅相成的，生命只有在实践中才能彰显活力和价值。具体到高校思想政治教育中，社会实践活动不仅为大学生寻找生命意义和价值提供渠道，也能让大学生重新审视生活，并逐步升华为更深层次的情感。生命关怀教育重在融合共进，以达到和谐境界为目标。对于大学生来说，他们与社会、学校及自我的关系要逐步向尊重和信任转变，进而以和谐心态生存其中，不断感受浓烈的人文意蕴。高校思想政治教育不能忽视大学生的心理变化，这也是关怀生命的重要体现。当关怀过程更加细致入微时，可以为心理辅导顺利进行打下基础，使人文理念融入大学生内心，帮助大学生维持心理健康。

3. 取舍关怀的权衡教育

大学生在生活和学习中常会感到困惑，而取舍问题是多数困惑的源头。大学生心理发展尚不成熟，而大学环境在不断变化，突出表现为生活环境社会化，这样一来大学生在适应大学生活环境时容易产生心理不适应。由于缺乏社会经验，大学生在应对各种社会现象时难以做到步步到位，进而使其在心理层面产生多种变化。大学生在很多方面不够独立，如没有独立的经济能力，需要家庭提供支持；经历的困难较少，应对困难的经验不够丰富，当产生焦虑焦躁心理后，难以冷静应对，在这种情况下，现有观念和价值理念会发挥指导作用，如果与社会主流价值观相悖，那么他们的思想行为就会出现一系列问题。人生道路有多种选择，究竟选择哪一条关键是看人们对生命价值的态度，因此不同的人会做出不同选择。每个人在选择时都会经历权衡取舍，究竟如何选择才是正确的则需要深入考量。当今社会经济发展水平正在逐步提高，物质丰富成为常态，并且衍生出多种多样的价值观，人们在这一环境下变得心态浮躁，在面对外界诱惑时往往难以做出理智选择。大学生思想活跃，欲望也更加强烈，他们被欲望困扰纠缠，如果不能做到抵制诱惑，大好的成长时间与空间可能就被挥霍一空，不仅导致学业无成，而且心理层面也会出现诸多问题。高校思想政治教育要注重引导大学生理解当下社会状态，使之认识到物质财富要建立在扎实行动的基础上，同时在消费过程中也要保持心态平衡，避免出现盲目消费、攀比消费等不良行为。大学生具有专业素养优势，高校要引导他们将这一优势发挥到为人民服务的事业中，并以此为目标来考量内心欲望，剔除其中不合理的内容，使内心的欲望切实成为自身发展的重要动力。

4. 人际关怀的仁爱教育

人际关怀注重分享与共享，在关怀他人的同时也要关怀自己，这样一来人际交流可保持在相互促进的氛围中。人的本质并不体现在个人身上，而是以所有人形成的社会关系为载体，展现出的本质内容可成为重塑社会关系的重要依据。人生存于社会中不可能独立发展，必然要与其他人建立联系，这是形成社会关系的基础，其中人际关系是重要内容。学会认知、学会做事、学会共同生活、学会生存是联合国教育、科学及文化组织提出的教育事业的四大支柱，而归根结底是对人的社会属性的进一步阐述。人们提升认知、懂得做人做事的道理、与他人共同生存，能够促进人文关怀深度发展，并逐步渗透在人际交往中，使人际交往成为大学生身心和谐及实现个性化发展的重要渠道。

人际交往是人与人之间的情感互动和思想交流，在这一过程中，人们可以交朋友，生活、学习不再孤独；能够知己知彼，减少无谓的焦虑与担忧。因此，人际关系对人的成长具有巨大影响。人与人之间的互动难以避免，通过互动生成的实践资源是丰富多样的，如果将其融入思想政治教育，则有利于开发出人际交往实践活动，培养大学生的人际交往能力，进而深入体会仁爱思想。人与人之间的交流伴随着人际关怀，有些虽然不易被人察觉，但只要凝聚和关注，也能散发出耀眼光芒，这提醒大学生要从小事做起，通过关心和关怀身边小事逐步吸纳关怀养分，逐步美化内在心灵。大学生的生活和学习过程包括多种场景，如班级、宿舍、操场、学生社团等皆是他们重要的活动场所。高校应从这些场所入手开展实践活动，让大学生在参与过程中强化关心和帮助他人的意识，并将这一意识转化为行动，体会人际交往中的温情厚意，进而逐步融入大集体，感受来自校园各个角落的温暖。除此之外，高校还可开展社工活动，让大学生以工作者身份参与人际交往，这样能够拓展他们感受快乐的空间，增加快乐情感，体会人际交往的魅力。

社会实践包括多种形式，而思想政治教育工作者需要将形式转化为行之有效的方案，如此才能发挥其应有作用。探索实践活动在思想政治教育中是一项不可缺少的工作，从实际效果来看，人与人的交往和人与社会的互动贯穿每一项实践活动，这就要求大学生具备足够的人际交往能力。在向大学生传授专业知识的同时，各种与人际交往相关的实践教育内容也要融入其中，这能够起到舒缓大学生内在压力的作用，让他们形成更强的抗挫折能力，在人际交往中保持良好心态，通过树立责任感、协助意识、尊重与宽容他人的态度逐步赢得人心，打造更好的人际交往局面，从而使大学生的思想品质得到不断提升，成为一个善良和身心健康的人，构筑内涵更为深刻的精神家园。

第三节 大学生思想政治教育中心理疏导的效果

一、唤醒正能量，提升心理健康素养

正能量能够带给人们正向发展的力量，促使人们不断提升心理健康素养，在面对困难和挫折时勇往直前，始终保持积极向上的态度。正能量是一个统合概念，包括丰富多彩的内容，而其核心是明确的，以传递大爱、树立进取意志、培养无私精神等为核心目标。从社会发展层面分析，正能量具有巨大价值。当正能量源源不断地输向社会时，社会环境将变得积极乐观，这样人们能够树立积极向上的人生态度，从而做人做事更加正确、合理。人作为智慧动物，内心是丰富灵动的，十分容易受到外界各类因素的影响和干扰。当正能量处于主导位置时，可以引导人的信念、情感和意志力向积极方向发展，如人际交往中相互信任，面对困难和挫折时保持豁达乐观态度，确立新的目标和追求。此时，消极情绪被压缩，进而更加自信，成为一个充满活力、始终保持积极向上的人。正能量的载体多种多样，其中人是重要载体之一。当一个人拥有正能量后，周围其他人也会受到感染，逐步驱散内心的负能量，成为充满正能量的人。在我们的生活中，拥有正能量的人往往具有以下特征：经常保持欢快愉悦的心情，为人处世公平公正，十分值得他人信任，等等。正能量可成为心理健康的催化剂，帮助人们形成良好的心理素质。目前很多大学生存在心理问题，如面对竞争长期焦虑、对繁重学业失去学习信心等，他们亟须得到正能量的浇灌，进而驱散内心的负能量，逐步解决心理问题带来的困扰。

教育实践应成为引入正能量的重要载体，让大学生在参与过程中受到熏陶，获得心灵层面的抚慰，感受温暖，这有利于提升大学生的内在实力，使之有力地对抗负面情绪，并为心理健康打下基础。思维层面也能初步得到改变，表现为负面思维减少，正面思维增加。当思维方式指向正能量时，大学生能够更好地运用正能量，不断地完善自我，逐步改掉自身缺点和不足，实现重塑自我的目标。在心理健康教育过程中，教育者要懂得不断给予大学生鼓励，这也是传递正能量的重要途径。正能量的传递并不能在一朝一夕中实现，而要循序渐进、逐步推进。因此，教育者的每一次鼓励等同于摘下一颗果实，逐渐地，果实从一颗积累成一筐，此时正能量在大学生内心形成规模，积聚为一种强大的信念，对大学生的心理和行为产生深刻影响。例如，当遭遇烦恼和挫折时，大学生能够正确分析与对待，尤其是能够开导自己，以良好心态去克服。世界运转有其客观规律，不会受任何主观认知的影响，如果大学生以自我为中心来思考问题，就会采取偏离客观规律的处理方式，进而扭曲事实，留下无法弥补的遗憾。完全消除负面情绪是不现实的，每个人都会遇到挫折和失败，一味抱怨不可取，因为抱怨是没有用的，只有坦然面对和接受，并且想方设法予以解决和扭转才是当下最应该做的。心理学家认为，心理健康的人能够更好地自控，将坏情绪压制下去，并通过相关方式转化为积极情绪。具体而言，表现为接受不可控内容，将更多时间放在可控方面，通过努力使可控部分不断增大，最终达到主导事件走向的目的。社会需要和谐，正能量不断叠加能够发挥促进作用，当社会中形成巨大的正能量场，就会使人们心情愉快，有利于整个社会的健康发展。社会要进步，民族要发展，精神塑造必不可少，这能够为公民思想道德提升提供助力。道德是无形的，可在无形之中发挥规范作用，可使人们的道德品质得以升华，整个社会也能在潜移默化中形成相对一致的道德规范，成为正能量产生与发挥作用的"永动机"。正能量需要持续存在，任何时代都离不开正能量的滋养，传递正能量能够支撑社会价值与人生理念保持正确，对提升人们的心理健康素养具有重要意义。

二、构建和谐精神家园，提升思想政治教育人文品位

精神家园建设中，和谐友爱是重要目标。具体到高校思想政治教育中，融入人文关怀理念对实现精神家园建设目标具有极大的促进作用，而仅仅融入是不够的，还要采取行之有效的人文关怀策略，以促进心理疏导方式的调整和革新。思想政治教育在教育改革中呈现新面貌，在大学生心理健康引导方面的作用越来越突出，如教育者十分注重将尊重人、关爱人、促进人的全面发展作为重要内容传达给大学生，让他们严格要求自我，并在人际交往中表现出正确态度。人的心理健康小至影响个人成长质量，大至影响和谐社会的构建，因此高校关注大学生心理健康是一项关系社会建设的大业。环境因素的影响力也不容忽视，有研究表明，良好的环境中人的负面情绪会减少，而这种状态还会向他人传递，使更多人产生正面情绪，有利于人与人之间互敬互爱、良好合作。人的心理运转不能进入孤立误区，否则容易出现心理问题；只有与社会、周遭建立紧密联系才能更为活跃，这样"新陈代谢"速度快，不良心理就不会累积和积淀。在构建和谐精神家园过程中，大学生充当着重要角色，而在其发挥能动作用参与建设时，多元价值观、就业压力等因素对大学生产生很大影响。一方面，大学生积压的负面情绪和心理问题被激发出来；另一方面，这些因素引导大学生对负面情绪和心理问题进行理

性分析，而后采取行之有效的策略进行应对，使感恩、善念、包容、快乐、和谐等正能量逐步充满胸膛，促进大学生乐观、豁达和宽容，心态上保持平和。这样可消解不良心理状态，消除忧郁、失落、恐惧等不良情绪，确保大学生在学习和生活中保持积极向上的活力。

三、传承中华优秀传统文化，提升思想政治教育人文内涵

我国有几千年的传统文化积淀，其中蕴含着大量精华内容，体现着深刻的人文内涵。这为塑造人文情怀提供了丰富资源，让人们在挖掘和应用过程中吸纳精华思想，如"知行合一""中和之美""慎独"等，使中华优秀传统文化在当今时代绽放光芒，跨越时空展现不俗的生命力和影响力。中华优秀传统文化中蕴含丰富多样的心理疏导知识和方式方法，能够为当代大学生心理辅导提供支撑，促进他们的心理和谐发展。因此，学习和传承中华优秀传统文化，能够有效提高大学生的文化素质和人文精神，提高思想政治教育的成效。思想政治教育也有着悠久的历史，与中华优秀传统文化之间具有紧密关联。虽然现代教育中融入了新内容和新理念，但中华优秀传统文化依旧发挥着重要作用，支撑教育者使用行之有效的心理疏导方式引导大学生保持良好的心理状态。

随着我国经济的迅速发展，社会结构也产生了深刻变化。传统文化在这样的新体系中失去了大量生存空间，很多优秀内容逐步走向消解和消亡。道德和利益之间的冲突是重要原因，尤其是在多元文化时代下，这种冲突进一步升级，使中华优秀传统文化的作用不断削弱。背弃传统是危险的，容易折断民族之根，使民族发展丧失基础。我国政府出台了多项政策为弘扬和传承中华优秀传统文化保驾护航，其中教育领域是重点实施领域。高校思想政治教育在这一背景下开启了多个研究中华优秀传统文化的课题，而这也支撑着心理辅导得到更多文化元素的滋养。高校思想政治教育要"去伪存真"，使中华优秀传统文化切实发挥其应有的作用，如可以为心理辅导带来更多经验和智慧，使辅导方式更具人文色彩。当代大学生处在社会深刻变化时期，必然会经历思想层面的矛盾和冲突，这成为他们产生心理压力并演化为心理问题的重要原因。面对全球化带来的冲击，中华优秀传统文化在部分大学生心目中的地位逐步降低，但存在于骨血之中的传统理念依

旧在潜移默化中发挥作用，这样就形成了外来文化思潮与传统理念对抗的局面，使大学生的心理和思想充斥着矛盾与冲突，极大地影响他们的健康成长。这种形势对思想政治教育也提出了更高要求，要想拨乱反正、正本溯源，就必须大力弘扬中华优秀传统文化，通过进一步深挖内部精髓与精华，为思想政治教育提供更多的资源支持，引导大学生在人文修养方面更上一层楼，达到更高的思想道德水平。而在心理疏导方面，大学生在中华优秀传统文化滋养下能够认清道德和利益之间的本质联系，逐步掌握正确方式应对二者之间的冲突的能力。

思想政治教育实践也要从中华优秀传统文化中汲取营养，开展多样的实践活动，提升大学生的人文道德水平。中华优秀传统文化源远流长，经过了数千年实践考验不断凝练。文化与社会实践具有紧密关系，社会实践为物质载体，文化是意识形态，文化需要通过社会实践来表达和传播。当今时代，中华优秀传统文化作为历史产物，其载体已然大量消失，因此要重新规划社会实践，为中华优秀传统文化提供存在和发挥作用的载体，同时在与社会实践融合过程中可以更好地契合时代发展。这便需要高校进行深入思考和研究，打破局限，规划高质量的社会实践活动，并将中华优秀传统文化充分引入和应用其中。中华优秀传统文化历经岁月磨砺和洗礼，内涵不断深化，积淀的智慧也更为厚实。在当今时代，科学现代化建设占据主导地位，文化软实力在潜移默化中被削弱，因而中华优秀传统文化在进行传播时遇到了很多阻碍。这是对中华优秀传统文化的一次挑战，同时也是一次机遇。中华优秀传统文化在新的物质基础、社会环境、传播条件下需要有所调整才能更好传播，具体到高校思想政治教育中，传统的理论阐释和灌输方式必须得到改变，否则难以将中华优秀传统文化传达给大学生。开展社会实践活动是重要举措，能够为中华优秀传统文化发挥作用提供支撑，大学生参与其中可以深刻体会内在的人文内涵，并将其转化为实际行动。在思想政治教育与中华优秀传统文化融合的过程中也要积极引入时代精神资源，使其与中华优秀传统文化融合，进一步演化为有价值的思想政治教育内容。我国古代先哲对人性的分析具有较强的主观性，而从根源上看依旧是以善和德为中心，这也使中华优秀传统文化具备鲜明的人文特征。

四、营造良好环境，完善高校育人机制

良好的环境构建对维持良好的心理状态具有重要作用，展现人文性是重要要求。心理辅导对人文性有着很高要求，而在具体心理辅导过程中，关注大学生主体感受是彰显人文性的重要前提，有利于心理辅导的顺利开展。高校思想政治教育要重视心理辅导人文性的塑造，如可着力营造和谐友好的育人环境，让大学生身处其中感受和谐，促进个性自由发展，如此一来，大学生的主动性、积极性和创造性可得到充分激发，为自由而全面发展创造条件。环境和社会对大学生的影响是多方面的，大学生要想成为高素质人才，必须处于合适的环境中，既能在环境中健康成长，又能逐步实现社会化。

高校育人机制不断完善，为创造良好环境提供支持，使大学生的综合素质得到提升。在机制保障下，教育者的行为会受到明确引导和监督约束，使环境构建效率更高，并确保构建方向正确。对于大学生来说，积极健康的校园环境可以缓解其心理压力，使其在学习过程中更加放松，进入社会后能够更快适应，另外，人际关系也能得到良好塑造。营造这样的环境要遵循以学生为本的原则，并将公平与平等作为重要目标，使学生之间、学生与教师之间相互信任、真诚交往。学校环境的营造离不开校风校纪的规范，也要时刻关注师生关系，及时发现问题并解决问题。学生党团组织要发挥应有作用，如应参与社会实践活动规划与开展。学生组织与学生之间的关系更为密切，更能在心理疏导方面发挥重要作用，进而促进人文传承。高校必须完善相关机制，拉近学校与社会之间的关系，使社会化内容融入学校环境中，让大学生提前适应社会氛围，为大学生后续进入社会更好成长成才奠定基础。

第四节　大学生思想政治教育中心理疏导的价值意义

一、心理疏导的社会效应

（一）高校思想政治教育改革大势所趋

现代社会正处于深化改革阶段，各个领域都面临全新选择，这使我国社会经济形态融入更多元素，包含丰富多样的社会思潮与价值观念。从主观层面分析，

高校思想政治教育必须围绕大学生进行优化构建，尤其要高度关注大学生在新时代表现出的新诉求，构建过程中要去粗存精、不断扬弃，目的是确保思想政治教育不偏离轨道，起到提升和丰富大学生人文素养的作用，并且在心理疏导方面达到更深程度，注重互动沟通，确保心理疏导更加有效。更重要的是，实践层面也要持续创新，始终围绕大学生的学习和生活，让大学生参与其中并切实获得源源不断的推动力。

心理辅导十分重要，这是新时期高校思想政治工作中重点革新的内容。人文精神教育与心理疏导紧密结合，使心理疏导过程中融入更多人文关怀。高校思想政治教育中的心理辅导工作要不断总结经验，并基于新情况及时创新，确保心理辅导方式方法与时俱进。时代变迁带动文化发展，社会实践也在发生变化，这使高校思想政治教育不断衍生新的实践价值，其中既有所收获，也存在相应问题。因此，高校思想政治教育进行改革是必要的，但改革之路肯定不会一帆风顺，要接受大风大浪的考验，如外来思潮涌入我国，使意识形态建设承受巨大压力，这就要求改革找准方向和目标，对外来思潮既不能完全排斥，也不能全盘接受。大学生作为未来社会建设与发展的中坚力量，其各项素质必须得到优化和提升，如此才能真正成为国家建设的中流砥柱。而要想实现这一目标，高校思想政治教育责无旁贷。在教育过程中，大学生呈现的各项特征要得到关注，并且通过系统整合提炼客观规律，而后结合社会发展规律进一步分析。人的自由而全面发展是马克思主义着力坚持的重要观点，这里的"自由"同样受到客观规律的限制，因此是有限度的"自由"，而不是绝对的"自由"。大学生思想变化不会毫无原因，外部世界和内部世界共同对其产生重要影响，进而形成相应的心理特点，这一内容也要归入客观规律范畴，因此要求教育者在教导大学生时应充分了解和关注，并且通过开拓和创新获得新的教育理念和方式方法。学生在受教育过程中的地位逐步提升，教育者认识到提升学生素质是教育的首要目标，这就要求教育者全心全意为学生服务，如向大学生提供自由和开放的学习和生活空间，让他们获得足够的尊重和爱护，并且满足他们在物质层面和精神层面的需求。这样，大学生的积极情感更容易得到调动，有利于疏导他们的不良情绪和心理问题，使大学生的心理世界逐渐充满正能量。高校思想政治教育要担负起意识形态建设任务，但不能一味采取强制性教育措施，而要采取循序渐进的方式将正能量传达给大学生，并且在心理辅导中凸显人文情怀，这有利于推动高校思想政治教育获得新的面貌，促进大学生更好地成长和成才。

（二）社会伦理价值观的提升

21世纪，心理辅导地位不断提升，高校思想政治教育着重引入心理辅导以应对学生的不良心理，帮助他们纠正道德失范行为，进而塑造良好的心理状态。当今社会对人文和人性有所忽视，这使美德、正确价值观、社会伦理等的存在和发展空间被压缩，经受着消亡出局的考验。高校思想政治教育做好学生政治素养塑造工作是极为重要的，但不能局限于此，应使学生思想不断成长，心灵得到升华，这些必然离不开心理疏导。开展社会实践活动能够在潜移默化中弘扬中华民族传统美德，起到培养学生高尚道德情操的作用。更重要的是，学生参与其中，成为心理疏导的主体，在自我疏导过程中获得良好效果。国内外价值观呈现多种面貌，这造成现在社会中不断出现道德缺失事件，使社会伦理道德受到不良影响，从作用力到影响力层面均有所削弱。因此，社会呼唤新的价值体系以改变这一局面，且这一呼声越来越强烈。利益诱惑无处不在，社会中发生的很多事件在根源上离不开利益诱惑，如有的人在食品安全问题、环境问题上为了个人利益突破了道德底线，这些都是不可取的。随着大环境的逐步变化，传统伦理道德的物质基础已经发生深刻变革，难以支撑传统伦理道德的发展。物质基础虽然"变质"，但是精神基础仍然在发挥作用，很多传统美德依然存在于社会中，需要我们深入挖掘才能发扬光大，重新在主流社会中发挥重要引导作用。目前，部分人对优秀伦理道德表现出忽视和漠视态度。在人与人的交往中，伦理道德规范有所"隐身"，取而代之的是当下社会形成的新规则。这意味着传统伦理道德正在经受巨大冲击和挑战，背后原因是传统伦理道德与经济社会现代化发展存在矛盾与冲突。改变这种状况的关键在于重塑人们的价值取向和道德观念。高校思想政治教育通过心理疏导方式引导大学生感受和认知传统伦理道德，逐步让他们在心理层面获得活力，在确保心理健康的同时，也能主动参与到传统伦理道德的弘扬与传承中。社会政治、经济等向前发展离不开强大的精神支柱，大学生精神得到塑造后，则能成为精神支柱的一部分，为社会发展贡献自身力量。同时整个社会也能融入人性温度，更加关注人的发展，尊重、爱护、满足人的需求和诉求，这有利于塑造良好的社会伦理价值观，打造更为和谐的现代经济社会环境。

二、心理疏导的未来展望

（一）思想政治教育凸显心理疏导的创新变革

心理疏导得到切实践行，有利于塑造思想政治教育新面貌，凸显其平等性和民主性，充分贯彻尊重人、关心人、理解人、爱护人的理念。亚里士多德认为，道德品质的形成和发展离不开现实生活实践。心理疏导承担着培养学生良好道德品质的重任，而要想切实发挥作用必然要与现实生活实践紧密结合，才能保持发展活力，并且支撑思想政治教育获得革新。教育者的教育方法方式也要做出调整，以满足心理辅导的要求。例如，学生出现心理问题后，教育者不能太过主观，将自己的经验与想法强加给学生，而应给予学生人文关怀，凸显学生的价值，让学生对自身价值获得更充分的认知，进而为恢复活力提供支持。通过对实际心理辅导实践活动的调研可知，当教育者与学生能够相互理解时，心理辅导才会行之有效，这离不开人文精神关照下对精神世界的积极发展。心理疏导并不是一项简单的工作，这需要考虑到很多因素和内容，如思想观念、价值意识塑造等，引领大学生精神世界得到进一步改造，为融入更多正能量打下基础。大学生参与实践活动，其精神能量能够支撑自我意义深化建构，对实践活动的地位和作用形成更深刻的认知，并且了解传统教育模式与现代化教育模式之间的差异，进而在接受教育过程中体现更强的主动性，掌控心理疏导，而不是完全被教育者控制。

（二）多领域渗透心理疏导方法

思想政治教育处于不断发展与变革中，与社会诸多领域建立了密切联系，一方面发挥服务作用；另一方面能够从中汲取实践资源，为思想政治教育的进一步改革提供支撑。心理疏导是思想政治教育的重要方法与方式，如果能与社会其他领域渗透融合，就可以帮助人们应对和处理复杂的社会关系，维持该领域正常运行和发展。发展经济很重要，但发展过程中要避免经济思想削弱人文思想，否则社会关系容易走向畸形。心理疏导的本质是对人的关怀。思想政治教育的作用对象是人，目的是提升人的思想政治素养、培养人的优秀道德品质等。为了实现这些目标，不仅要严格要求、监督审核等，还要融入人文关怀，使大学生在接受思想政治教育时更加积极主动，与教育者产生思想共鸣和感情交融。心理疏导渗透于社会生活的各个领域后，积累的经验和教训能够丰富心理疏导方法，同时也能在思想政治教育变革中发挥作用。

第四章 思想政治教育促进大学生心理健康的路径

第一节 加强校园文化建设

一、坚持正确的学校舆论导向

学校舆论导向能够发挥文化约束作用，对高校做好文化建设工作具有重要意义。全体教职员工和学生的思想与行为都应受到约束，在一定规则内运行和发展，不能损害集体利益。学校舆论要想保持正确导向，需要从以下几方面入手：一是确保学校舆论与社会精神文明主旋律相契合。科学发展观应得到贯彻落实，以科学理论武装人，以正确舆论引导人，以高尚精神塑造人，以优秀作品鼓舞人，要全盘考虑学生意志品质建设，不能只从某个方面入手，如学生德智体美劳均要得到优化构建，为形成良好意志品质打下基础。二是立足于学校实际情况开展思想政治教育。思想政治教育以引导学生树立正确价值观与理想信念为目标，让他们在未来国家建设中切实承担起相应责任。在具体教育实践中，这些目标要进一步细化，在培养优秀学生的同时，打造独特的高校文明。三是强化校园媒体的作用。在信息化时代，校园媒体获得快速发展，在舆论导向中具有重要作用。学校要深入认识这一点，对校园媒体进行严格管理，使其成为传播与弘扬正确思想观念的重要阵地。除了严格管理外，高校还要积极借助先进技术丰富教育媒体功能，尤其要重点开发互动功能，进而为宣传正确舆论贡献力量。

二、大力加强校风建设

校风是校园精神文化建设中的重点内容，良好校风是学校发展壮大的重要基础。良好校风可以凝聚人心，调动学生的主观能动性，使其向着更高层次的目标进发。良好校风可以塑造精神支柱，激发学校活力，使学校始终保持积极向上的发展态势。因此，校风建设必须得到高度重视，具体从以下几方面入手：一是加强领导作风建设。陶行知认为一个学校的好坏与校长有着紧密关系,校长素质高、能力强,学校就能得到更好建设。在高校中,领导应具备尊重人、理解人、宽容大度、甘于奉献的优良品格,发扬民主、奖惩分明、办事公正的优良工作作风,保持清醒、关注问题、解决问题的忧患意识,树立高瞻远瞩、选贤任能的用人作风。在这些作风的影响下,高校能够获得更强的凝聚力。二是抓教风建设。教风是校风的重要内容,主要着力于教育工作。教育者是教育工作的主体,他们要承担起教风建设的重要使命,积极引入和革新教育理念和教育方式,在形成良好教风的同时获得良好教育成绩。注重对学生的思想引导是教育者的重要工作,教育者不能局限于传授知识,还要确保学生具有良好心理素质与优秀思想道德品质。引导学生做人做事也很重要,将学生培养成真正有用的人才。笔者在实际调研中发现,很多学生在进入大学校园后容易出现心理不稳定现象,此时教育者要给予他们足够的关怀,让他们更快适应,以更好的状态投入学习与生活中。三是重视学风建设。学风是一所学校精神文化的集中体现,具有良好学风的学校在社会上会拥有良好的办学声誉,会得到人们的高度认可。学风建设工作要保持动态化,不断发现问题并解决问题,避免同一个问题长期存在。例如,学生日常生活和学习中的不良习惯不能因为"小"而得不到足够重视,否则会为其发展壮大提供条件,变成难以处理的问题。

三、积极开展大学生校园文化活动

校园文化活动是学校精神文明建设的重要载体和途径,如学校将高素质教育融入相关活动中,通过学生参与去感悟和获取,这样能够更好地调动学生的积极性与主动性,同时也能让学生收获满满,在知识深度、眼界宽度、能力强度等方面得到进一步提升,进而促进大学生身心健康发展。在开展校园文化活动时要注重调研学生情况,基于学生需求和诉求,有目的、有计划、有针对性地制订活动方案,并且将心理健康教育融入其中,让学生在参与活动的过程中得到心理引导和塑造。例如,大学生刚入校时可以举办校园心理短剧大赛,为新生提供表现自我心理状态的渠道,一方面能够起到释放作用,降低心理问题出现的概率;另一方面能与其他学生进行互动交流,使学生由陌生人变成熟人。

第二节　完善教育内容

一、增强教育内容对大学生心理健康的渗透性

一方面，思想政治教育理念要得到革新。在以往的思想政治教育中，教育者往往采取强硬灌输方式向学生传达相关知识内容，而对学生个性诉求和个体特征不够重视，这就造成很多学生对思想政治教育表现出排斥心理，使教育效果不尽如人意。对此，应引入和贯彻以人为本理念，让教育者对大学生个体差异性更为重视，进而有针对性地开展思想政治教育。另一方面，要关注日常化教育引导。现代教育教学理念更加倡导扩大化教育，目的是让学生随时随地得到教育，进而在潜移默化中实现素质提升和知识增长。

二、拓展教育内容以满足大学生的心理健康诉求

一是弘扬人文关怀。高校思想政治教育要给予大学生更多的人文关怀，如做好相关工作为大学生全面发展服务，这样能够推动大学生思想政治素质、科学文化素质、心理健康素质获得协调发展，让大学生在生活和学习中保持良好状态，未来进入社会后具备快速适应社会的能力。二是规划实践活动。思想政治教育不能太过空泛，一味地讲解和阐释思想政治理论会让学生觉得"什么也没学到"，如果能够结合实践活动进行开展，则能充分调动学生的学习兴趣，也能让学生在实践中学到知识和提升能力。大学生遇到的实际问题可成为实践活动的核心，让学生通过参与实践活动直面问题所在，然后思考如何解决，这样既能起到教育人、引导人的作用，也能产生关心人、帮助人的效果。要想了解大学生实践问题，就要深入大学生日常生活中进行调研，可以采取动态观察、问卷调查等方式。实践活动要避免"一次化"，而是要在很多工作中持续发光、发热，如可基于实际活动构建学生心理健康服务体系，切实发挥心理疏导作用。

三、做好大学生心理预防工作

做好大学生心理预防工作，这一点要得到高校的足够重视。高校应通过改进思想政治教育方式与方法来引导大学生的心理状态，要及时了解大学生的心理动态，使大学生保持良好的身心健康状态。首先，高校思想政治教育要做好价值观塑造工作。思想政治教育承担着树立正确价值观的重要使命，这一使命的完成离不开大学生文化素养的提升。当大学生的价值观形成后，其思想与行为会以价值观为导向，同时身心健康方面也会受到潜移默化的影响。因此，大学生心理预防工作必须重视大学生价值观的树立。价值观正确，大学生心理层面才能更健康，在遇到困难和挫折时他们才能正确对待，逐步磨炼自身意志，为未来获得成功打下基础。其次，提升大学生的情绪调整能力。当心理状态发生变化后，往往通过情绪得以体现，某种情绪持续存在进而演化为一种强大力量，会对大学生生活和学习产生重大影响。因此，思想政治教育工作者要关注学生的情绪变化，在疏解引导的同时，也要向他们传达调整情绪的方式与方法，让大学生在产生不良情绪后学会调整转化，进而保持良好的心理状态。这一过程也能锻炼大学生的心理承受能力，对大学生的身心健康发展有着重要作用。最后，让大学生做好自我教育工作。大学生心理预防是一个由外到内的过程，高校要提供外在的引导和指导，大学生自身内在调理才是关键所在。让大学生做好自我教育工作能够帮助他们提升自我教育能力，学会自我调节。例如，当心理出现相关问题时，大学生能够在外部引导下进行自我调整，切实解决自身出现的心理问题。

第三节　改进教育方法

一、显性灌输和隐性渗透相结合

苏联著名教育家苏霍姆林斯基说，教育者在教育过程中将教育意图隐藏得越深，越能让教育对象更好接受。该观点是对隐性渗透教育方式重要性的阐述。在目前的教育实践中，显性灌输占据主导地位，隐性渗透通常得不到重视。隐性渗透教育方式具有非强制特征，注重在潜移默化中向教育对象间接传递知识，让他们逐步理解和认同。该教育方式更为贴近人性，使教育过程更具说服力，更容易被大学生接受，不容易产生抵触和逆反心理。显性灌输方式往往只能传达知识内容，而很难进入人的内心和思想中，如果能够结合隐性渗透方式，则可以改变这一局面。思想政治教育内容要渗透于相关场景、环境、制度之中，而后采取内隐的、间接的、迂回的教育方式进行传达，这样知识内容能够抵达学生内心深处，让他们在轻松愉悦、精神放松的状态下进行学习和感受，不仅学习效率更高，而且能使教育对象认可其中的思想观念和价值观，实现自身价值观的塑造。

显性灌输和隐性渗透是相辅相成的关系，二者缺一不可，高校思想政治教育要将二者有机统一起来，通过积极举措促进它们充分发挥各自优势，并在优势互补中获得更好的教育效果。这一教育模式需要深入探索和实践，并不是简单并行，否则会削弱整体效能，难以真正促进学生个性的发展及道德修养的提高。

二、积极引导大学生深入社会实践

（一）加大对社会实践活动的重视力度

首先，改变大学生看待社会实践活动的观念。从辩证唯物主义角度分析，实践是人类社会形成和发展的重要支撑，没有实践，人类社会便会停步不前。学习知识是大学生的重要任务，而在获得知识后，大学生需要通过实践彰显自身价值。很多大学生只是一味地学习知识，而很少参与实践活动。轻视实践活动的观念和做法必须得到转变，大学生应树立科学的实践观，养成良好的实践习惯，并且积极地参与实践活动。其次，政府要发挥重要作用，要在创建良好社会实践环境方面做出重要贡献。社会实践活动的规划需要投入大量经费，仅仅依靠高校是不够的，还需要政府提供支持，除了直接拨付资金外，还要调动社会力量为其服务。校内外实践基地建设、实践教学仪器设备更新等均需要大量资金支撑，以保证社会实践活动顺利有效进行。政府还要立足于实际成果出台相应扶持政策，营造积极有利的政策环境，促进高校和社会之间的合作交流。最后，家庭要转变观念。经过社会磨炼，大学生才能成长为更有力量和智慧的人才。学生家长要转变观念，不能抱着急功近利的思想要求学生，要鼓励学生多多参加社会实践活动。

（二）丰富社会实践的内容和形式

高校要贯彻以学生为本的思想，遵循思想政治教育规律，确保思想政治教育符合大学生思想和心理发展的需求。在开展实践活动中，高校要充分考虑学生的专业、年级、院系等因素，确保实践活动丰富多样并具有针对性，让学生从中真正受益。第一，围绕红色文化开展学习实践活动。例如，组织学生到红色革命根据地参观学习，让他们了解革命历史，认识到当今幸福生活如何而来，进而学会珍惜来之不易的幸福生活；让学生学习革命前辈高尚的道德品质，让他们受到思想启迪和精神激励，在提升自身思想道德品质的同时也能产生更强的责任感和使命感。第二，围绕就业择业开展实践活动。就业对社会发展具有重要影响。目前，大学生就业形势十分严峻，很多大学生在这一压力下出现了心理问题。高校应大力关注大学生的心理问题，通过采取心理引导策略来缓解其心理压力，并组织实践活动，让学生参与其中不断积累工作经验，逐步提升竞争力和适应力，为未来进入社会更好就业打下基础。第三，大力提倡创新实践活动。高校应着力于培养创新型人才，为规划创新型社会实践活动提供支持，同时大学生在参与社会实践活动中也能受到创新精神熏陶，逐步提升创新意识，在学习和实践过程中敢于创新。

（三）充分发挥情感陶冶法的作用

思想政治教育工作者在与学生建立教与学关系时要注重情感交流，通过积极情感感染和引导学生，如给予学生更多耐心和鼓励，让他们在内心深处感受到被关爱，进而在学习知识时能够更深入、理性地思考。教育者要注意自身的情感释放，尽可能将积极一面展现给学生，并且展现方式要灵活多样，如场景、情境等应成为重要的融合对象。这样能够拉近与学生的距离，更深入地开展思想政治教育，避免进入形式化误区，进而切实发挥引导大学生心理健康的作用。情感陶冶法在应用时应注意以下几点：一是尊重大学生人格。每个人都希望得到他人的理解和尊重，大学生也有这一诉求。思想政治教育工作者应给予大学生足够尊重，试着理解他们，并不断发掘他们身上的亮点，试着去欣赏他们。有些教育者习惯于关注大学生身上的缺点，并以此为依据苛责和要求大学生，这样容易让大学生产生抵触心理，对教育效果产生不利影响。大学生尚未形成完善的自我认知体系，他们在做出自我评价时往往受到外界多种因素的影响，如教师、父母、朋友对他们的评价会极大地影响他们的自我评价。思想政治教育工作者要尊重大学生人格，以真挚情感关心爱护他们，并对他们作出真实、客观的评价，这样有利于大学生打开心扉，与教育者建立良好的交流互动关系。二是从细节入手打动学生。正所谓细节决定成败。思想政治教育工作者要关注细节，不放过每一个可能对学生起到作用的环节。有的教育者主观上高估了大学生应对挫折的能力，在教育过程中不注意说话方式，经常说出一些伤及他人自尊的话语，造成学生在课堂中萎靡不振或者产生强烈的抵触情绪。如果教育者能够注意这些细节，少说一些负面话语，多说一些肯定与鼓励的话语，则有利于调动学生内在的积极情感，让他们在肯定与支持中更好地学习。同时，这样也能拉近教师和学生的心理距离，在交流过程中可以深入学生内心，有利于教育者剖析学生心理矛盾根源，而后进行行之有效的引导。三是增强亲和力。思想政治教育有其严肃性，不能随意调侃，但是思想政治教育工作者可以在允许范围内尽量表现亲和力。实际上这是一种情感传递过程，让学生体会到思想政治教育中也有热情、深情、感情和实情，进而感受到温暖与温馨，并将之转化为更为强大的内在动力，激发学生的求知欲和上进心。

第四节　提升教育者素质

一、提高思想政治教育工作者的心理素质

思想政治教育是一项关系国家稳定的重要事业，必须得到高质量开展，因此思想政治教育工作者要具备多种素质，其中心理素质至关重要。提升心理素质可以从以下几方面入手：一是树立良好的教师形象。思想政治教育工作者的形象要正面、良好，如此才能在思想政治教育工作中展现出更强的组织效能，如得到学生的认可和接受，得到其他教师的认同和尊重。树立良好职业形象就要拥有荣誉感和责任心，坚决抵制不良思潮，并磨炼自身意志品质，避免被错误思潮侵蚀；在工作中表现出足够的耐心，面对问题不逃避、不敷衍，保持追求真理的决心和毅力。二是持续提升自身能力。只有具备足够能力素质的人才能当好教育者。教

育者进入教育岗位后，还要通过不断学习提升自身能力，确保自身能够担负起教育任务，并能够满足新的教育要求和诉求。在信息时代，知识传播效率达到了新的高度，这为终身学习提供了条件。思想政治教育工作者要积极响应号召，利用信息技术不断学习和提升自己，确保做好教育工作。三是培养优秀的道德品质。教育者要具备优秀的道德品质，这能在潜移默化中影响学生，让他们积极效仿。这一过程是隐性的，能够达到显性灌输无法达到的效果。优秀的道德品质不是天生就具备的，是要在后天成长中不断追求和坚持的，如教育者要做到表里如一、言行一致，答应学生的事情一定要完成，这样才能在学生心目中树立良好形象，并且使学生被教育者的人格魅力感染。

二、思想政治教育工作者要认清自己的角色

思想政治教育工作者要想获得良好的教育效果，需要端正态度并认清自身角色定位，如此才能在开展教育工作时更具针对性，让学生更有效地获取知识，切实提升大学生的心理素质。首先，思想政治教育工作者要扮演好大学生心理品质塑造者这一角色。要想扮演好这一角色，教育者就要对大学生的实际情况进行调研，了解他们的生理与心理特点，采取有针对性的教育策略引导大学生形成良好的意志品质，以及挖掘大学生的心理潜力，为他们的成长作贡献。其次，思想政治教育工作者要扮演好大学生心理健康引导者这一角色。大学生出现心理问题后，思想政治教育工作者要承担起引导者的责任，帮助大学生解决心理问题，使其回归正常心理状态。这一过程中，教育者要做好与大学生沟通交流的工作，及时掌握他们的心理动态。最后，思想政治教育工作者要扮演好大学生心理健康分享者这一角色。一个人在出现心理问题时，十分希望有人倾听，这一过程可帮助他们释放压力，有利于缓解心理问题。思想政治教育工作者应扮演好这一角色，当大学生表现出倾诉需求时，教育者不能冷冰冰地拒绝，而应坐下来耐心倾听，而后进行分析，并将自己的一些经验技巧教给他们，使之可以很快地进行自我调整。

三、不断完善思想政治教育工作队伍

首先，高校要成立学生心理健康工作小组，其主要负责开展心理健康科研活

动及向学生提供心理咨询服务。为了确保该小组正常开展工作，高校可安排相关部门领导者进行负责，并且制定科学合理的工作质量评价机制，这也对该小组的工作起到了监督和约束作用。其次，高校要完善选拔制度，对思想政治教育工作队伍"门槛"进行严格管理，控制思想政治教育工作队伍质量。在选拔上，可以打造专职与兼职共存模式，并且制定明确的选拔标准，确保选拔出的工作队伍符合标准。另外，选拔标准制定要与教师资格考核认定相结合。最后，高校要加强岗位教师心理健康教育职业技能培训。思想政治教育工作者要想做好维护学生心理健康工作，应对工作有足够的了解并达到相应的专业水平。高校应提供培训途径，并对培训效果进行动态考核，确保工作队伍达到更高质量。培训过程要在合理安排下进行，确保思想政治教育工作不断档、不脱节。

四、思想政治教育工作者要积极进取、锐意创新

一方面，加强个别谈心法与心理咨询的融合。个别谈心法指的是教师和学生进行交流和交谈，从中发现学生存在的问题，然后在交流中进行引导和解决。这种方式具有很强的互动性，有利于发现和解决学生出现的心理问题。心理咨询指的是心理咨询师对前来咨询的学生进行引导和疏导，帮助他们平稳心态，逐步降低心理矛盾与冲突强度。心理咨询过程包括倾听、情感共鸣等方面，目的是发现咨询者存在的问题，然后分析问题出现的原因，为后续找到解决方法提供支撑。思想政治教育在采取个别谈心法时可借鉴心理咨询的方式与方法，对学生的心理健康状况进行科学客观分析，找到心理问题的症结所在，然后进行针对性解决。

另一方面，注重群体氛围的营造和个体心理的洞察。学校中学生人数众多，思想政治教育工作者要想充分了解学生的心理状况，就要定期对学生进行心理健康测试，及时发现存在的问题，在这一过程中交流互动必不可少，以利于思想政治教育工作者更充分、更深入地掌握和了解大学生的心理问题，及早纠正。营造群体氛围的目的是帮助学生融入集体，并为提升班级凝聚力做出贡献，这样有利于他们获得关爱，更好地适应集体生活。当个别学生表现出不适时，思想政治教育工作者应及时介入，不能因为他们是一小部分群体而不关注、不重视。

下篇 大学生心理健康教育与思想政治教育

第五章　大学生心理健康教育与思想政治教育概述

第一节　大学生心理健康教育与思想政治教育的联系与区别

一、大学生心理健康教育与思想政治教育的联系

（一）共同的教育对象

心理健康教育是教育者运用相关心理学知识和技能对大学生进行引导和辅导，帮助他们应对出现的心理障碍，逐步恢复心理正常状态，进而更好地维持人际关系并增强适应性，减少矛盾与冲突，使自身受到伤害的风险降低或化解。思想政治教育是在马克思主义指导下引导大学生树立正确的世界观、人生观和价值观，并且激发大学生的爱国主义情怀，为形成高尚的爱国主义情操打下基础。理想信念教育也是重要内容，目的是引导大学生坚定共产主义理想，积极维护和坚定地走在中国特色社会主义道路上。二者均是为大学生更好成长服务。

（二）共同的意识形态范畴

心理健康教育和思想政治教育均能在意识形态塑造方面发挥重要作用。意识是人们在客观世界中逐步形成的反映客观存在的认知内容,是由客观存在决定的，而意识也能对客观存在起到反作用，表现为通过激发、指导等让人们改造客观。思想政治教育主要是从理性认知入手引导学生正确认识客观存在，而心理健康教育主要是从感性认知入手塑造学生的思维、情感、意志等。

（三）共同的教育目标

心理健康教育与思想政治教育是人才培养中的两种教育方法，均承担着为我国培养优秀人才的重要使命。二者都以促进学生全面发展为目标,让学生在知、情、意、行等方面得到全面提升，进而使大学生综合能力更强，快速适应社会，高效率展现自身能力和价值。心理健康教育注重引导学生认识自我，并将自身放在社会中进行考量，目的是更清晰地认知自身与社会的关系，懂得基于社会需求设定

愿望和理想。随着社会发展更迭，学生的愿望和理想也需要做出调整，心理素质良好的学生能够快速自我调节，迅速适应新的角色与身份，而那些心理素质较差的学生往往表现出坏情绪，需要更长时间适应。思想政治教育注重提升大学生的政治觉悟，引导他们坚定政治立场和坚守正确的政治奋斗目标。这一过程也要与社会联系起来，将政治立场、政治目标等具体化，变成更实际的目标指引学生学习和奋斗。全面建设社会主义现代化国家是一项伟大而艰巨的事业，当下处于社会主义初级阶段，主要目标是实现中华民族伟大复兴的中国梦。思想政治教育要引导学生将个人理想与社会理想良好结合，在树立宏伟奋斗目标的基础上制定小目标，如此才能逐步成长为对国家有用的人才。

二、大学生心理健康教育与思想政治教育的区别

目前，学界对心理健康教育和思想政治教育关系的探讨主要集中于"组成与否及其组成形态"方面。很多学者认为心理健康教育应逐步纳入思想政治教育领域中，成为思想政治教育的有机组成部分；也有学者认为二者虽然具有紧密联系，但归根结底相互独立，主要区别表现在理论基础、具体目标、工作内容、工作任务、工作原则、工作方法等方面，因此二者不能相互替代，而是各具作用和功能。

（一）特殊的研究对象

研究对象是研究项目的基础和根本，也是区别不同学问的重要依据。思想政治教育有着特定的研究对象，人们思想道德的形成和发展规律及其对思想政治教育的影响是重要研究内容。大学生思想政治教育作为思想政治教育工作的重要组成，其研究对象可进一步具体化为大学生思想品德的形成和发展规律及其对大学生思想政治教育的影响。

大学生心理健康教育是基于心理学相关理论、技术技能等内容研究如何培养大学生良好心理素质，进而为维护大学生心理健康做出贡献。可以说，该研究不仅内容丰富，而且对操作性研究十分重视。研究对象除了包括大学生心理现象及规律外，还要将大学生心理教育规律囊括在内，而后将二者进行融合，如此才

能推动大学生心理健康教育研究工作更为完整和全面。由此可知，大学生心理健康教育和思想政治教育研究对象是不同的，前者注重研究大学生心理形成与发展和心理健康教育规律，后者注重研究大学生思想品德形成与发展和思想政治教育规律。

（二）研究的理论基础

理论基础是研究工作顺利进行的重要条件，研究者需要从相关理论中借鉴理论或方法，而后与具体研究对象相结合。需要注意的是，不同理论之间不能存在冲突和矛盾，否则会影响统一指导思想的确立。开展思想政治教育时，要精准灌输马克思主义，保证思想政治教育科学与规范发展。除马克思主义外，思想政治教育还要借鉴政治学、教育学、心理学、伦理学、社会学等学科理论和方法。

心理健康教育将心理学相关理论和技术技能作为研究基础，其中理论内容支撑大框架构建，技术技能支撑心理健康维护工作。心理健康教育的理论基础是心理学理论体系，大学生心理健康教育的理论基础同样源于此。大学生心理健康教育包括多个目标，如引导大学生形成健康心理、维护心理状态等，进而为更长远目标（持续优化大学生心理素质）打下基础。大学生心理健康教育的理论基础可延伸至以下两个方面：一是马克思主义有关人的理论，如人的全面发展；二是当代青年的健康人格理论。综合而言，大学生思想政治教育和心理健康教育在理论基础上存在较大区别，即使同样是马克思主义，但前者是完整马克思主义，后者是部分马克思主义。

（三）研究的客体范畴

范畴是对基本性质和规律的分类，也是某项研究开启的切入点。有学者对思想政治教育基本范畴进行了划分，具体包括起因范畴、主体范畴、客体范畴、过程范畴、终点范畴，其中客体范畴主要内容有教育目标、教育内容和教育方法。

首先是教育目标。目标是某项研究所要达到的目的和取向。在新时期，大学生思想政治教育目标可以归纳为"以坚持马克思主义指导思想、坚定中国特色社会主义共同理想为根本任务，以培育践行社会主义核心价值观和自觉弘扬中国精神为主要内容，以提高大学生科学文化素质和道德素质及实现大学生身心和谐发展为基本原则"[1]。大学生心理健康教育目标更为具体,可归纳为心理发展、心理调适、心理矫正等。对于学生个体来说,他们要在心理健康教育助力下塑造健康心理,并且进一步提高心理素质,为获得全面发展打下坚实基础。相较而言,二者在目标上的侧重点不同,大学生思想政治教育目标着眼更宏观,追求更长远,将个人与国家甚至与全世界联系起来;大学生心理健康教育目标更具体,如大学生个人素养提升目标。从最终目标来看,二者均是为大学生全面发展服务,但这一目标范畴太广,并不能说明二者的教育目标具有关联性。

其次是教育内容。思想政治教育内容丰富多样,按照相关学者的说法,思想教育、政治教育、道德教育均属于教育内容。三者之间具有紧密联系,其中思想教育是根本途径,政治教育是主导方向,道德教育是重要追求。思想教育开展要以相关哲学思想和方法论为基础,引导受教育者树立正确的世界观、人生观和价值观,并形成正确的思维方式。具体来说,思想教育内容包括"三观"教育、方法论教育、社会主义思想教育、各类精神教育等。政治教育要向受教育者传达政治思想和规范,引导他们树立正确的政治观,并具有坚定的政治立场。大学生政治教育内容包括理想信念教育、政治立场教育、基本路线教育、爱国主义教育、形势政策教育等。道德教育要遵循伦理指导,并且将道德规范作为重要目标,培养受教育者具备良好的道德素质,实现从人格到精神层面的升华。大学生道德教育内容包括社会公德、职业道德、家庭美德、个人品德、生命道德、生态道德、网络道德、科技道德等。大学生受环境因素的影响,加之自身素质限制,会出现一些问题。例如,有的大学生对个人和集体均缺乏责任心;有的大学生没有深入理解马克思主义理论,不能运用该理论分析周遭社会现象;有的大学生追求名利,奉行金钱至上原则;等等。应对这些问题不只是思想政治教育的责任,心理健康教育也要提供助力。大学生心理健康教育一方面是为提升大学生心理素质服务,包括智力发展教育、环境适应教育、人际关系和谐教育、人格健康教育等;另一方面是预防心理疾病,包括普及心理卫生知识、挫折教育、心理疾病预防教育、心理疾病初步诊断和治疗等。

---

[1] 李忠军. 大学生思想政治教育目标新探 [J]. 思想理论教育导刊, 2013 (12): 96-101.

最后是教育方法。方法论体系是对方法与方式的研究分析，一般来说分为三个层面，第一个层面是哲学方法，第二个层面是通用方法，第三个层面是具体方法。具体到大学生思想政治教育中，第三个层面的方法最为常用。该方法能够直接应用于教育实践中，并直观发挥指导价值。该方法一般包括理论教育法、实践教育法、批评与自我批评法等。其中实践教育法最受大学生欢迎，获得的教学效果最佳，也是当下思想政治教育工作者大力研究和创新的内容。实践教育法包括活动教育法、典型教育法、比较教育法等。大学生心理健康教育的常用方法有理论教育法、实践教育法、心理咨询法等。其中，实践教育法包括系列活动法、激励教育法、榜样示范法等，心理咨询法包括心理辅导法、环境优化法、体验指导法等。大学生思想政治教育和心理健康教育在教育方法上存在很多一致性，如均采用理论教育法和实践教育法开展教育，也都着眼于大学生实际问题运用典型教育法进行应对。但是大学生心理健康教育方法在使用中侧重于实证研究，对大学生心理现象进行调研和观察，进而生成客观事实，并且对客观事实背后的原因进行科学研究。而大学生心理健康教育注重行为操作，如实验法、观察法、调研法等均具有显著行为性。大学生思想政治教育与心理健康教育在教育方法上既有相同之处也存在差异，这两种教育方法不能相互代替。

第二节　大学生心理健康教育与思想政治教育的发展现状

一、大学生心理健康教育的发展现状

（一）模式发展趋向规范，思想政治属性有待凸显

大学生心理健康教育在规范化发展道路上取得了良好成绩，得到了进一步完善，但从长远来看还有很长的路要走。专业化和规范化是重要目标，这是现实要求，也是必然趋势。目前大学生心理健康教育模式更加科学化和规范化，但是与思想政治教育之间的融合程度有待进一步增强。长期以来，人们对大学生心理健康教育的认识程度较低，使用的模式偏技术性和思维性，这对模式创新具有很大束缚，造成其与思想政治教育的契合度较低，进而影响大学生心理健康教育模式

定位。随着我国教育改革的进一步发展与探索，心理健康教育和思想政治教育之间的关系更为明晰，并且在理论方面存在"融合"内容，但在充分应用方面有所欠缺。

（二）工作队伍逐渐壮大，整体素质还需提高

大学生心理健康教育必须获得专业队伍的支持，才能确保顺利开展。目前，各个高校中心理健康教育人员不断增多，队伍规模不断壮大，但从整体来看心理健康教育工作队伍规模仍旧不能满足实际要求。除此之外，教育人员的整体素质也需要进一步提高。一是专职教师数量较少。按照教育部提出的要求，心理健康教育专职教师与学生之比不能低于1：4000，具体到每所学校中，心理健康教育专职教师不能少于2人。然而实际情况是，专职教师人数远远不足，很多学校连最低标准都达不到，甚至算上兼职教师都难以符合标准。这必然会严重影响学校心理健康教育的发展。二是教育人员专业水平不足。我国高校心理健康教育起步较晚，工作队伍建设时间不长，造成工作队伍综合素质处于较低水平。很多工作人员只具有一定的理论基础，缺乏心理健康教育经验，也没有经过专业培训，所以难以满足大学生心理健康教育的要求。

（三）保障条件不断优化，工作机制亟待完善

完善健全的工作机制是大学生心理健康教育科学规范发展的重要保障。在国家教育部门的大力推动下，各高校在心理健康教育建设方面投入了更多资源和精力，基本上形成了心理健康教育的大框架，但是空有框架而无工作机制支持是难以正常运转的。目前我国高校心理健康教育工作机制不够完善，造成具体工作中出现很多问题，如在对大学生心理状况进行评价时，缺乏统一明确的评价机制，造成评价结果可信度较低，进而阻碍了大学生心理档案的创建进程，后续的学生心理状况追踪指导工作也难以正常开展；心理健康教育课程体系不够完善，教育内容存在不规范、不全面问题；心理咨询体系功能单一，往往只有心理辅导部门，而危机预防、干预系统等部门尚没有正式确立。除以上问题外，网络心理健康教育研究工作也处于初级阶段，研究水平较低，难以应对网络时代大学生存在的心理问题。因此，大学生心理健康教育发展任重道远，需要进一步加大探索和研究力度。

（四）部门归属趋于明晰，管理体系尚需健全

管理体系是管理工作正常开展的保障。大学生心理健康教育管理工作已经逐步步入正轨，但仍然存在发展不平衡的问题，通过分析，管理体系不完善是重要原因之一。管理体系不完善与组织机构和约束机制不完整、不合理等有着紧密关系。首先，我国很多高校设立了心理健康教育专门机构，并且进行了较为明确的部门设置，使得部门归属问题逐渐清晰，但是在具体运行中存在分工不明确、管理不到位等问题。其次，我国很多高校工作评估和监督机制不够健全，造成心理健康教育管理工作效果不佳，如工作绩效评估方面缺乏心理健康教育指标内容，难以获得科学有效的评价结果，使工作中存在的问题难以得到有效解决。最后，我国很多高校管理制度流于形式，造成管理结果实效性不强，无法保证心理健康教育工作规范实施。

二、大学生思想政治教育的发展现状

（一）当前大学生思想政治教育存在的问题

高校思想政治教育在教育改革中得到调整和完善，更加符合社会深化改革的要求和诉求，但是在实效性层面存在一系列问题，总结为传统教育方式面临困境、外部环境不断发展和创新、受教育者自身存在的问题等。对这些问题进行深入解析，有利于我们认清当前高校思想政治教育的发展形势和趋势，进而寻找更适宜的发展出路。

1. 传统教育方式面临困境

当今时代，思想政治教育面临很多困境，这成为产生问题的重要源头，也使高校思想政治教育出现与时代脱节现象，在指导学生思想发展方面较为薄弱。从本质上分析，高校思想政治教育中教育客体的地位得不到重视是主要原因。首先，思想政治教育中，灌输教育方式仍然处于主导地位。灌输教育有很多缺点，尤其是在理论与实践结合方面存在短板，造成学生一味死记硬背理论内容，很少参与实践活动，如此一来，学生对理论内容的理解只是停留于表面，如诚信、感恩、服务社会等内容在他们眼中只是一类知识，而不能转化为内在品质，难以达到知

行合一。要想扭转当下态势，必须引入实践活动，并且采取启发式、引导性、参与性方式来开展，让学生在参与实践活动过程中不断思考，促进其思想政治素质得到切实提升。思想政治教育不应固化，而要表现出更强的动态性，让学生参与其中并拥有更大的自主空间进行反馈，进而融会贯通。教育体制僵化也是传统教育方式出现窘境的重要原因，如人文精神逐步消解，造成思想政治教育过程变得枯燥冷漠，难以激发学生的学习兴趣与感知兴趣。革新教育体制是一项长远工程，应从长计议、步步为营，如可以优化调整思想政治教育方式方法，使人才培养模式更加科学化、合理化，但是目前思想政治教育方法往往沿承传统，缺乏新意与创新，这使教育方法单一、陈旧，理论教育占据主导，实践教育往往只是空谈而没有落实到实际教育中。新时期，在新技术、新理念的支撑下，思想政治教育方式获得了更大的创新空间，但在创新过程中，宏观审视和微观研究缺一不可，只有这样才能真正实现创新。

2. 外部环境不断发展和创新

国际社会呈现风云变幻态势，这对国内诸多领域的发展产生了较大影响，而对于高校思想政治教育来说，经济全球化、社会信息化、价值观念多元化成为高校思想政治教育发展与创新的重要参考和研究内容，只有这样才能更好地应对挑战，并抓住相应机遇获得新的发展。中国特色社会主义现代化建设已经进入更深阶段，我国社会时刻发生着巨大变化。从外部环境分析，我国高校思想政治教育的外部环境要素更加丰富多样、复杂多变，如经济全球化已成为趋势，这使我国在政治、经济、文化等领域加大与其他国家的交流和竞争力度，其中先进科技的大量引入使原有经济模式被重塑；从国内环境分析，市场经济体制逐步完善，市场竞争环境逐步形成，但是这一过程中出现的冲突与矛盾也客观存在，造成我国社会多个方面存在难以协调的问题，成为对人们产生心理冲击的重要源头。文化开放既是改革开放政策下的必然结果，也是信息时代推动下的一种状态，而在文化开放局势下，大众文化的影响力与日俱增，教育主体的话语权被削弱，使思想政治教育的意义出现被削弱现象，突出表现为受教育者对思想政治教育极为排斥，造成思想政治教育的实效性不断下滑。外部环境的风云突变既带来了机遇，也带来了挑战。思想政治教育要想应对挑战、迎接机遇，必须在教育内容、教育方式等方面做出变革和创新，促使思想政治教育展现新面貌，与新的时代更加契合，使受教育者在思想政治教育中处于主体地位。外部环境在带来困境和难题的同时，也成为驱动思想政治教育改革与创新的重要动力。在现实情况下，高校一定要正确认识和对待外部环境因素，积极创新和优化传统教育方式，以寻求新的发展途径和道路。

3. 受教育者自身存在的问题

思想政治教育中的受教育者有思想，有情感，也有自身意志，一方面，作为教育客体，他们表现出相应被动性；另一方面，他们在教育过程中具有主观能动性，只有被动性和主动性良好契合与共存，才能支撑受教育者获得更好的教育。当代大学生的成长环境具有开放性，他们受到社会变革带来的诸多影响，思想和行为发生新的变化。例如，当社会中出现新思想和新观点时，他们往往能够迅速反应，并逐步将其融入自身思想活动。这充分说明当代大学生的思想独立性进一步强化，能够自觉主动地思考与接受新生事物。大学生这一群体正处于思想不稳定的阶段，这使他们的价值观念经常发生变化，成为不可避免和无法忽视的问题根源。

受教育者具有自己的思想、情感和意志，这使教育活动表现出相应特征，并且在某些方面具有局限性。首先，由于社会多样化发展态势成为现实，受教育者的内在素质展现出差异性，同时个人追求也各具特征，这必然要求思想政治教育活动因材施教，而这又成为思想政治教育的一个困境。其次，教育活动包含内化和外化两个过程，其中外化具有显性特征，表现为教育者对受教育的支配和调控，此时受教育者处于从属地位。这种从属性对受教育者来说既具有积极作用也具有消极作用，而究竟哪个作用占据主导则取决于受教育者自身的价值观念。如果受教育者能够主动配合教育者，则能够在教育活动中收获更多，也能使他们在教育过程中拥有选择性创造条件，在面对教育内容时可以甄别和筛选。正因如此，不同受教育者的素质水平逐步拉开距离，形成参差不齐的状况。受教育者在接受思想政治教育时，所经历的是自我内化过程，而要想获得理想效果，需要对受教者提出要求,对受教育者产生针对性引导作用,让他们积极地将正确价值观念转化为内在品质。内化之后需要通过行动表现内化效果,这要求思想政治教育提供实践途径,帮助教育者在实践中了解受教育者的内化与外化表现,进而调整教育策略,使大学生的思想与行为符合思想政治教育的预期目标。

(二)当前大学生思想政治教育所取得的成绩

1. 大学生思想政治教育从书本教育转变为生活中的实践教育

随着时代的变迁和社会的发展,大学生思想政治教育已经不再是传统的书本教育,而是更加注重实践教育。这种变化源于大学生教育本身的特点和社会对人才的需求。大学生处于成长和发展的阶段,他们的思想观念、价值观念、认知能力等方面都需要不断地培养和提高。传统的书本教育虽然可以让大学生获得丰富的知识储备和学术能力,但是在个人思想和价值观念等方面,存在缺乏实践经验和现实感受的问题。大学生思想政治教育应更加贴近实际生活和社会实践。除了校内的课堂教育之外,大学生还需要参与课外社会实践,从而更好地认识自己,提升综合素质,在实现个人价值的同时,也为社会做出更大的贡献。随着科技和经济的发展,人才市场对专业技能和实践经验的要求越来越高。而大学生在接受书本教育的同时,也需要具备更加符合市场需求的能力和素质。在这种背景下,大学生思想政治教育不仅要注重大学生的学术能力,还要注重大学生对社会实践的理解和参与,以培养大学生更加全面、更加实用的能力和素质,使大学生更好地适应社会发展的需要。当然,实践教育需要注意的是均衡性和渗透性。均衡性是指实践教育与书本教育相辅相成、相互补充,避免实践教育过分依赖实际操作而忽视知识积累的问题。渗透性是指将实践教育与课内教育相互渗透,做到"知行合一",充分发挥实践教育在价值观教育、全人教育等方面的重要作用。大学生思想政治教育已经从单一的书本教育转变为注重实践的实践教育方式,这种变化既符合大学生人生发展的需求,也适应社会对人才的需求。我们应在教育中更好地贯彻实践教育的理念,为大学生的成长和社会发展做出贡献。

2. 大学生思想政治教育从单向传递转变为多元化交流

随着社会的快速发展和大学教育的普及,大学生思想政治教育也从传统的单向传递转变为多元化交流。大学生在接受教育的同时，也应注重思想的交流与实践，从而建立一个自主、开放、多元的平台，使大学生思想政治教育得以顺利进行。传统的思想政治教育大多是单向传递，即由教师教导学生如何思考和如何行动。而在现代大学生思想政治教育中，教师不再是唯一的传递者，学生在课堂上也会表现出更多的主动性和积极性。大学生积极参与讨论和交流，共同研究，提出建议。社会发展助推大学教育领域不断更新思想和理念。国家在大力改进大学生思想政治教育方面投入了巨额资金，建立了多个阳光工程项目或公益活动，使大学生更多地接受社会与实践中的思想政治教育，并为大学生提供广阔的思想空间。这在一定程度上加强了大学生的思想自由、思想创新和思想敏锐性。文化交流在现代大学生教育中扮演着重要角色。通过文化交流，大学生得以更深刻地理解各种文化之间的差异性，体验不同文化之间的联系。同时，文化交流也有助于建立一个开放、多元、平等的学习环境，激发大学生刻苦学习的决心和热情，促进大学生的知识、思想和能力得到全面提高。跨学科教育已经成为大学教育的一个新热点。通过跨学科教育，大学生不仅可以增长各方面的知识，而且可以体验多元化的思想教育。同时，跨学科的思想交流也有助于大学生形成跨界思维，提高大学生的沟通和协作能力。大学生思想政治教育已经从单向传递转为多元化交流。现代大学生教育应更加注重学生的主动性和积极性，在知识、思想、能力和实践方面实现提升，这样才能巩固大学生的思想研究能力，助力他们在社会中获得更好的成长与发展。

3. 大学生思想政治教育从知识教育转变为智慧教育

知识教育的重点是传授大量知识，而智慧教育则注重培养学生的自主思考和创新能力。如今，大学生思想政治教育的目的已经不仅是让学生掌握知识，更是要启迪学生智慧，提高其创新能力。智慧教育的含义是指通过课堂教学和课外活动等，培养学生的思维能力、分析能力和创新能力，通过学习发现世界和探索知识，从而实现自我发展和为人类做出更大贡献。在这种教育理念下，学生的独立思考和创新成为重要的支撑点。智慧教育的核心在于强调培养学生的个人能力，教师要通过教学激发学生的求知欲，发掘学生潜能，提高学生的自主性，培养学生独立思考的能力和创造性思维，并帮助学生发现问题和解决问题。在此情况下，大学的教学模式也要相应地发生变革。传统的教学方式通常以讲解和课件展示为主，但现代的教学方式更注重将学生视作学习主体，注重课程的互动式、探索式、实验式等，充分发挥学生的主观能动性和课程的创新性，教学不再只是传授知识和技能，更是培养学生的思考能力和创新能力。大学生思想政治教育已经从知识教育转变为智慧教育。这种教育模式强调发展学生的创新精神和实践能力，培养学生的独立思考和创新能力，从而达到自我提高的目标。

4. 大学生思想政治教育注重培养学生的价值观和人文素养

价值观和人文素养是大学生思想政治教育中非常重要的部分。通过思想政治教育，可以培养大学生的道德素质，提高其社会责任感和社会意识，从而使他们成长为有道德、有爱心、有责任心的人才。在这个大众化、信息化的时代，人们的行为和思维方式越来越简单化、功利化。作为未来社会的主力军，大学生的价值观和人文素养更需要得到重视和培养。首先，大学生的价值观建立在正确的道德原则之上，即"仁、义、礼、智、信"的基本道德要求。在价值观方面，大学生应注重理性、人性、社会性、整体性等方面的发展与提升。同时，大学生应认识到，价值观的形成和发展与个人的生命历程、社会背景和社会环境等因素密切相关。因此，大学生在认识自我、认识社会的基础上，应适时认识和弘扬中华优秀传统文化、人文关怀和领导智慧等方面的价值观。其次，大学生的人文素养是大学生思想政治教育的重要内容之一。人文素养包括语言表达能力、审美能力、哲学人文认知能力和人际交往能力等方面。大学生应注重语言表达的技巧，从语音、语调、语速、语气、形象表达等方面逐步提高口头表达能力。同时，大学生还应注重写作表达，在读书、写作、演讲和辩论等方面逐渐提升文化素养和人文思维能力。再次，大学生思想政治教育更加关注审美修养的培养。进行艺术创作的学习、欣赏、鉴赏和审美意识的培养，能够丰富大学生的感官体验和艺术体验。同时，大学生应注重哲学和人文认知的培养。对哲学和人文学科的学习，有助于大学生开阔思维、提高人文素养、理解真理、明辨是非、认识自我、走向成熟。最后，大学生思想政治教育更注重人际交往能力的培养。在现今社会，无论是在工作中还是在生活中，人际交往能力都是一项重要的技能。学习怎样和人交往、如何有效沟通，能够帮助大学生在日后的个人生活和职业生涯中发挥更大的作用。

第六章　大学生心理健康教育对思想政治教育的影响与启示

第一节　大学生心理健康教育对思想政治教育的影响

一、心理健康教育对思想政治教育的积极影响

（一）证实了思想政治教育的开放性、包容性与发展性

心理健康教育是指对学生进行心理健康方面的教育，以促进学生身心健康的综合发展。思想政治教育是指对学生进行思想观念和政治理念方面的教育，以培养学生的爱国主义情感和社会责任感。这两种教育形式看似有些不同，但它们之间也有一些相似之处。首先，心理健康教育证实了思想政治教育的开放性。随着社会的不断发展，人们对思想政治教育的需求越来越高。如今的思想政治教育已经不再是一种单一的教育形式，而是逐渐呈现开放和多元化的形态。心理健康教育注重学生自我发展和个性化成长的培养，具有开放性。若将心理健康教育与思想政治教育相结合，就能更好地促进思想政治教育的开放性和多元化发展。其次，心理健康教育证实了思想政治教育的包容性。心理健康教育强调尊重每个人的特点和需要，鼓励学生自我探索、自我认知、自我实现。这种教育方式具有包容性和开放性，并且可以很好地与思想政治教育相结合，为学生创造更加开放、包容的学习环境。最后，心理健康教育证实了思想政治教育的发展性。随着时代的变化和社会的发展，思想政治教育也需要不断地调整和改进。而心理健康教育作为一种新型教育方式，正在不断地更新和完善自身，为思想政治教育的发展提供新的思路和方向。心理健康教育关注的是学生的全面发展和个性化需求，与思想政治教育的主要目标（即培养学生的爱国主义情操、道德品质和社会责任感）相符。并且，它们之间的融合和互补，为学生的健康成长提供了更加广阔的发展空间。因此，心理健康教育可以为思想政治教育的发展提供新的思路和方向，促进其不

断地发展壮大。

（二）具有解决思想政治教育问题的潜力

心理健康教育能够为思想政治教育提供助力，帮助其应对一系列问题，这并不是说思想政治教育本身存在缺陷，也不能说明心理健康教育是一种"解百毒"的良药，而是意味着它们具有融合共进的潜力。人们希望思想政治教育能够解决生活中的所有问题，但实际情况并不令人满意，而当心理健康教育融入其中后，人们找到了从心理层面解决问题的途径，这说明心理健康教育具备思想政治教育所不具备的能力。

1. 解决思想政治教育问题潜力的思辨分析

人的思想行为产生的根源是心理认知，具体过程是人的情感、思想、意志等对人的思想行为产生支配作用，而当思想行为出现偏差时，思想政治教育中包含的思想、政治、道德观念等就会发挥纠正作用。然而人们在不断实践中发现，思想政治教育纵然具有解决思想问题、心理问题的能力，但仍存在视野不够大、切入面较窄等情况，会造成思想政治教育出现治标不治本的现象。有学者以人体为例进行比喻，当人受伤后，在伤口处贴一个创可贴只能暂时止血，却不能完全治愈，如果不进一步处理，伤口上的细菌会滋生炎症，而后影响全身，使全身上下都被炎症侵蚀。如果人们在受伤时能够使用对症药物进行治疗，除了止血止痛外，还使用消炎药物除炎症，则能够阻断炎症扩散进程。思想政治教育往往更注重从大方向上进行把握，这一过程中容易出现处理问题不够深入的现象。心理与思想之间具有多重关联，思想问题通过心理途径去解决就会进入无限循环中，不断产生新的心理活动，使人们的言行举止受到持续支配。这一过程表面来看是无终点的，好像进入迷宫中，形成很多具有迷惑性的表象。有人认为这些表象是无意义的，只会徒耗精力而难以解决问题，但实际上表象能够为后续打破表象提供支撑。也就是说，心理健康教育解决问题时并不是一步到位，最终还要回到思想政治教育中进行凝练与升华。

第一，思想政治教育在心理健康教育的支撑下更为活跃。心理健康教育主要着眼于人的心理状态，对人的政治立场、思想觉悟、道德品质等方面出现的问题表面来看难以解决，但是其健康属性提供了解决问题的新思路。世界卫生组织在对健康进行定义时指出，健康不仅为疾病或羸弱之消除，而系体格、精神与社会之完全健康状态。由此可以了解健康具有一定衡量标准，该标准趋向于追求和谐，与道德、伦理、规范要求下的和谐社会有着极高的契合度。心理健康表现出三种状态，分别是消极心理健康、积极心理健康和完全心理健康。消极心理健康是从病理性视角进行分析，认为心理疾病消除并达到心理健康状态；积极心理健康与消极心理健康相互对立，强调心理健康状态应表现出人格和社会环境的良好互动性，进一步引申为情感幸福感、心理幸福感和社会幸福感；完全心理健康是一个超越上述两种状态的新状态，在这种状态下不会存在心理疾病，不仅是主观层面的幸福感，而且是心理和情感的结合。有学者认为心理健康教育在向思想政治教育靠拢时，可以进一步扩展状态，上升至更和谐、更适宜、更完好的高度，能够用于阐释思想政治教育的理想境界。

第二，思想政治教育将引导人们的价值观念作为重要目标。价值观念引导会经历价值观念选择过程，而这一选择过程伴随着心理活动，这就与心理健康教育建立了联系。心理健康教育可以发挥心理活动的分析和指导价值，进而影响人们的价值观念选择。人们在选择价值观念时并不完全受内在支配，还会受到外界环境的影响和干预，尤其是教育力量十分强大。教育对价值观念选择发挥的干预作用主要是通过客观阐释方式，除了清晰展示价值观念内容及不同价值观念之间的区别和差异外，还要阐释价值观念选择的方式与方法，帮助人们更好地甄别和选择价值观念。心理健康教育和思想政治教育能在这一过程中发挥作用，因此思想政治教育工作者在引导受教育者进行价值观选择时或多或少会受到心理健康教育的影响。

2. 对人言行的可预见性有助于消除思想政治教育问题

心理健康教育能够作用于人的心理活动，帮助人们调解心理压力，维持良好的心理状态，同时也能引导人们学会人际交往，妥善处理人际关系，并在其中收获更多正向内容。大学生日常生活中的点点滴滴都能放在心理健康教育范畴中进行分析研究。大学生在做出某种行为时，背后往往有着复杂的原因。对于心理学家来说，他们更加侧重于从态度和情感层面探析行为动机，虽然与真实动机存在差异，但核心动机却基本一致。由此可知，心理健康教育在透过现象获取本质方面有着天然优势。人们在产生某种行为之前，会在头脑中进行思考和判断，而这一过程会表现在心理活动中，形成相应的心理表现和心理行为。有的人从思考到行为产生需要间隔较长时间，这一方面是受到智力水平的影响，表现为理解程度差异；另一方面是受到情商的影响，表现为心理层面的认知和执行程度。这两方面能力要想获得提升，教育是重要途径。此处的教育并不局限于学校教育，而是一种广义层面的教育。人在成长发展中会经历多种教育，如家庭教育、学校教育、社会教育等，当人们接受教育程度越深，越能够在产生行为时快速做出判断。因此，很多时候人们的心理活动是教育影响下的产物。自我教育是降低外来教育影响程度的重要途径，但在实际生活中，人们必然离不开外在教育的影响和熏陶，这使自我教育受到局限，难以达到纯粹和理想状态。虽然如此，自我教育的影响力并不会被消除，依然在不断对抗着外来教育，保障人们不被外来教育控制。马克思主义指出人具有社会属性，人不可能脱离社会而生存和发展，因此必然游走在各种各样的社会关系中，要想寻找真我，必须通过不断的自我教育发挥梳理作用，让人们更清晰地认知真我。人的言行源于心理活动，心理活动受到教育的影响，这意味着人在接受教育的过程中能够逐步形成从教育视角分析心理活动的能力。这一能力的强弱受到智力水平的影响。从理论层面分析，心理活动有着自身踪迹，只要循迹而行就可以找到产生心理活动的源头，进而对心理活动做出科学判断。心理健康教育能够发挥理论支撑作用，基于此人们可以更深入、更清晰地了解一个人的心理状态，然后结合掌握的客观信息预判其行为。具体到思想政治教育中，教育者可通过这一过程及时了解学生心理活动中的不良表现，而后采取针对性措施进行应对，将可能出现的不良言行扼杀于萌芽状态。

（三）增强思想政治教育的理性和科学性

思想政治教育及其教育方法主要是在实践中逐步总结和积淀而来的，相较而言，心理健康教育使用的方法源自科学调研和实验。因此，思想政治教育方法往往存在科学性不强的问题，如教育者在向受教育者传达知识时往往不加以区分，而是统一灌输，这体现出思想政治教育方法具有一定的盲目性。人在发展实践中不断积累经验，随着经验的不断增多，逐步达到量的积累，但要想实现质变必须超越经验，进而形成更高层面的认识。心理健康教育采用的教育手段也会经历经验积累阶段，但是并不会一味照搬经验，而是逐步超越实现质变，这一点与思想政治教育是不同的。心理健康教育中关于人的发展有很多理论，对人们如何了解、认识和把握人性心理具有科学指导价值，不仅有利于帮助教育者深入了解学生发展特点和规律，还能对学生的个性特征进行深入挖掘，进而制定更有针对性的教育策略。心理健康教育在价值观念选择上保持中立，这样能够为价值选择开辟新的空间，如价值导向、价值干预、价值中立等皆是心理健康教育中重要的价值选择方式。

心理健康教育对"人"的关注程度更高，基于"人"的特性开发教育手段，如在心理咨询板块中，记录整个咨询过程就是重要方式之一。记录内容与"人"紧密关联，经过进一步梳理、归纳和分析后，能够开发出理性的、科学的教育手段。在这一过程中有经验积累，再经过进一步研究提炼，所形成的教育手段不仅具有普遍价值，还能在实际运用中基于"人"获得灵活应用和转变。教育领域应增强科学性，在选择教育手段时，应更加注重选择那些经过实践检验的科学理性手段。心理健康教育中有一种范式十分活跃，即以证据为本的心理治疗理念范式。该种方式产生于 20 世纪末期，是在临床实践中逐步形成的。在治疗方法上，该方式积极吸收临床上出现的新型治疗方法，然后转化为"为我所用"的治疗方式。美国将这一理念引入教育领域，成为推动教育领域更为活跃的重要力量，同时教育的科学性与理性也得到增强。这是理论与实践结合的代表例子，值得我们学习和借鉴。从实际情况来看，我国学界和教育领域也在不断践行以证据为本的理论逻辑，但是践行方式较为局限，这就要求我们进一步研究探讨该理论逻辑，挖掘内部意识性内容，并与实践紧密融合，促进内部意识获得良好的外在表现。

心理健康教育能够促进思想政治教育产生更强的理性和科学性生命力表现。心理健康教育促进思想政治教育理性与科学性生命力表现主要是围绕"人"产生作用的。思想政治教育知识中既有经验性内容，也有人生感悟，如中国共产党在战争年代总结的思想政治工作开展方式就是重要经验，这类经验具有很强的适应性，因为当时通信技术落后，思想政治教育工作主要是人与人之间面对面来完成的，说服教育占据主导，因此该类经验对技术的依赖性较低，在任何时代都能够得到应用。经过长期发展，心理健康教育模式得到创新，传统的依靠经验的做法被摒弃，取而代之的是科学与理性思维模式。心理健康教育在科学性和理性方面不断取得新的成果，这为研究者和教育者开发和引入新的教育手段提供了有力支撑，而这些教育手段还要经历实践检验，使其科学性和理性进一步增强。对于教育者来说，他们要不断学习和进步，促进自身科学性和理性意识进一步增强，并逐步形成科学理性思维。这一思维具有紧密的逻辑性，能够指导人们在应对问题时循序渐进，先是确定问题，而后寻找证据，接着评价证据和应用证据，最后获得解决问题的方式方法。国外在心理健康教育领域的研究走在前列，产生了很多优秀的教育理念、手段和方法，我国要积极借鉴，同时不断进行本土化探索，将优秀内容转化为符合我国国情、学情的内容。教育者拥有科学性、合理性意识后，能够发挥更大的影响力，让受教育者在与其交流互动中受到熏染。这一过程并不是单向进行的，而是形成循环体系，如受教育者逐步形成科学理性意识后，基于自身特性演化出更多新的内容，然后与教育者相互感染、相互影响、相互碰撞、相互增强。从心理健康教育对思想政治教育产生的影响来看，心理健康教育的理性和科学性在最初阶段就体现出来，并始终保持着较大的影响力，促进思想政治教育在课堂教学与实践活动中逐步走出一味依靠经验的模式，让受教育者对思想政治教育的印象有所改观，促进科学理性思维进一步发挥影响力。

（四）赋予思想政治教育主客体时代性的身份

1. 思想政治教育主客体身份的时代性求解

主客体概念产生于人类实践过程中，人类是实践过程的主体，而实践对象是客体，具体到思想政治教育中，教育者是教育主体，受教育者是教育客体。随着时代发展与人类自我意识的逐步增强，人类在认识自我方面更加深入，并且对外界事物表现出更强的能动性，希望将主动权握在手中。传统理念中客体事物处于被动状态，而具体到教育过程中，受教育者由于本身展现出更强的能动性，所以对客体概念表现出很强的排斥性，于是引起了思想政治教育中的主客体争论，由此产生了很多学说，如主客体转化说、主客体双角色说等。主客体转化说主要是从教育价值影响方面入手，认为教育者在对受教育者产生影响时，自身也会受到受教育者的影响，如此一来教育价值的创造主体则会得到拓展；主客体双角色说以进一步分解教育和受教育为目标，如在教育过程中教育者为主体，受教育者为客体，而在受教育过程中，受教育者成为主体，教育者成为客体。这些观点主要是从某一方面或某一区域入手，并没有覆盖到教育全部，因此会对教育整体产生不利影响，造成教育割裂现象。以上这些主客体观点虽然有其短板和不足，但是在当今时代，只要我们秉持辩证思维进行消化吸收，也能从中获得很大利处。随着时代发展，思想政治教育主客体概念不断推陈出新，逐步由之前的相互对立走向相互融合。在某种意义上，主客体概念正在消亡，但实际上它并没有消亡，而是以新的形态出现在这个世界。通过对人类思维发展历史的探析，可以了解到人类习惯于对某种新现象冠以新概念之说。随着时代发展，新的概念不断产生，但这并不影响人类对这些新概念的理解和认知，因为人类有着辩证主义理论为思维助力，能够回归到概念存在时代进行分析和研究，而后在当今时代探索其延伸出的新含义。因此对于主客体概念，并不是摒弃不用，而是在新的时代对其进行发展和演化，赋予其新的含义。例如，思想政治教育中教育者依旧是主体，受教育者依旧是客体，只不过受教育者的能动性驱动其展现出主体性风采，但只要合理引导和利用，就能够避免主体与客体之间产生对立。

2. 思想政治教育主客体身份得到丰富

受教育者处于客体地位，心理健康教育的特性促进受教育者的能动性得到增强，并且引导他们具备更强的自我教育能力。有学者指出，现代教育中受教育者也需要展现能动性，如果做不到这一点就不是合格的思想政治教育客体。心理健康教育中，教育者灵活运用教育方式让受教育者对心理健康知识产生更大的兴趣，并且引导他们主动探索心理活动表现，这一过程能够激发受教育者的探索意识，增强其能动性。当今社会，面对多种多样价值观念的冲击，如果人们不能做出坚定选择，则容易动摇心理状态，进而产生心理困惑和心理问题。能动性支持着人们探索价值观念背后的内涵，并且对社会未来发展方向做出判断，进而让人们确定哪种价值观念是值得坚守的，如此一来，人们的心理状态就能够稳定下来，冷漠、心灰意冷、犹豫不决等不良心理表现就不会出现。人与自然、人与社会均会产生对抗现象，这是人的能动性获得表现的结果，但当这种能动性不受约束、无限放大后，其就会成为一种推动人产生异化的力量。抑制异化进程，关键在于自我修养，尤其是从道德层面不断强化，使内在形成与能动性相抗衡的道德规范，但是二者并不是绝对的对立关系。当能动性处在合理范围时，道德规范能够提供助力和支持；当能动性超出合理范围、肆意延展时，道德规范则发挥抑制作用。思想政治教育是培养道德的重要途径，要想让受教育者充分接受，仅仅采取灌输方式是不够的，还要借助心理健康教育中的心理分析方法，从自我意识层面思考道德和能动性，进而自觉主动地进行道德构建。心理健康教育在提升受教育者心理素质方面有着重要意义，而心理素质中不只有对抗不良心理状态的能力，还包括认识自我、剖析自我的能力，这有利于受教育者更深入地挖掘自我，使能动性得到增强，改变长期以来被动接受的心态，从而形成主动性，这样才能够成为真正合格的思想政治教育客体。教育主体身份塑造要以更具人情味和智慧感为目标。一个人的人格境界越高，表现出的思想和行为越具有深意，就越是能够在潜移默化中发挥出更大的影响力。达到这样的高度并不是一朝一夕的事情，提升理论素养是重要方面。心理健康教育工作者要在心理学、教育学、社会学、哲学等领域不断修炼自身，除了掌握基本知识外，还要通过实践将知识转化为素养，进而达到提升理论素养的目的。这对教育者提出了严格要求，他们不但要保持学习新知识的心态，还要养成实践习惯，这样才能支撑他们成为一名优秀的教育者。无论是思想政治教育工作者还是心理健康教育工作者，都要在这两个方面进行修炼。当真正领会和掌握心理健康教育理念和方法后，教育者的心胸和视野得以开阔，为进一步学习和掌握教育理念和方法贡献力量，使自身理论素养和实践技能达到更高层次。除此之外，心理健康教育在促进思想政治教育工作者在掌握更多教育方法和教育理念后，可以在教育过程中灵活使用教育手段。教育理念的传导和灌输更为重要，因为它能够直抵人心，从内在塑造人。当人的内在世界变得温暖平和，外在表现也会具有更强的亲和力，为人处世不再冷漠，也不会毫无理由地焦虑和害怕，而周边的人也会受到影响，心理状态变得更加良好。在思想政治教育中，教育者做到以上方面，就能够转变灌输者、管束者的形象，成为受教育者的陪伴者、激发者和协同者。

（五）为思想政治教育理念的中国化发展及视觉化扩散提供契机

心理健康教育和思想政治教育在融合过程中展现出新的形象，二者交相辉映，各具光芒。心理健康教育可促进思想政治教育理念的中国化发展。一是心理健康教育的理论基础也包括马克思主义，心理健康教育的发展过程也是马克思主义中国化的过程，而当心理健康教育为思想政治教育助力时，所获得的中国化经验也能传导给思想政治教育，使其在中国化方面收获更多。二是心理健康教育的价值追求和实际功效对人们应对实际问题有着很大帮助，当这些内容渗透进入思想政治教育后，也有利于重塑思想政治教育面貌，让人们产生更强的接受意愿。这能为思想政治教育进一步发挥影响力提供支撑，并且人们会更加信任和拥护思想政治教育。

思想政治教育有着深厚的现实土壤，从产生起便担负着解决人与人、人与社会之间问题的使命。在马克思主义指导下，思想政治教育方向更为明确，不断吸收和借鉴诸多优秀内容，这为其本土化创新打下了基础。但是思想政治教育终究是为统治阶级服务的，在接收外来内容时须严格筛选，避免负面内容融入产生不利影响。心理健康教育则无须考虑这一点，在吸收优秀内容的道路上走得更远、更广阔。对于思想政治教育来说，可以直接照搬心理健康教育吸收借鉴之路，因为心理健康教育也要接受马克思主义指导，其在借鉴中获得的内容也会受到马克思主义的检验，如果不相契合就会被摒弃。当思想政治教育沿着这条路前进时，可以直接获取已经经过检验的内容，不需要再次验证，这样能够提升融合效率，也能够提升中国化效率。

心理健康教育影响着人们的认知方式，引导人们正确认知世界。思想政治教育的权威地位在潜移默化中给予受教育者压迫感，虽然受教育者在外界压力下学习和接受思想政治教育，但内心深处却始终存在抗拒心理。思想政治教育应效仿心理健康教育，关键在于"人"的主动作为。教育者要改变以往的传统教育观念，学会主动与学生交流互动，并且积极调整教学方式，摒弃那些强制性、灌输性的教学方式，使用更多具有互动性的教学方式。心理健康教育促使我们对思想政治教育进行审视，发现其中存在的不足，而后借鉴心理健康教育方式予以改进，但是"中国化"目标并不容易实现，需要教育者展现更多主观能动性，对思想政治教育面貌进行深入分析，并且结合社会现状进行针对性调整。

思想政治教育重视思想观念、政治观点、道德规范等内容的传播，指导人们提升思想政治素质，进而在社会实践活动中发挥更大力量。将马克思主义中国化融入大学生思想政治教育，其价值已经在实践中得到证明，成为解决人们在学习、工作、生活中各类思想问题的重要支撑。心理健康教育与思想政治教育一直处于结合过程，大致经历了四个阶段，分别是关系论阶段、结合论阶段、利弊论阶段和融合论阶段，心理健康教育与思想政治教育现在处于融合论阶段。所谓融合论，是指思想政治教育与心理健康教育理念处于互相融合的状态，思想政治教育理念中渗透着心理健康教育理念，同理，心理健康教育理念中又含有思想政治教育理念。心理健康教育作用于思想政治教育的同时，也反作用于自身。心理健康教育改变和促进思想政治教育的发展与自身的发展。我国的心理健康教育和思想政治教育不仅吸收了中华优秀传统文化的精华，而且会不断释放更大功效。

二、心理健康教育对思想政治教育可能产生的消极影响

辩证唯物主义理论指导人们运用联系、发展、动态的眼光认识周遭世界，进而获得更全面的认知。心理健康教育对思想政治教育有着切实的影响力，这是毋庸置疑的，而在产生的影响中，既有积极影响，也有消极影响。在分析消极影响时，分析者的思维方式会影响分析结果。一般来说，能够满足需求的影响会被赋予积极肯定意义，而无法满足需求的影响则被赋予消极否定意义。这样的判断具有主观色彩。除了这一判断途径外，还有其他一些判断方式，当这些方式交错共存时，得到的评价将是五花八门的。此处探讨心理健康教育对思想政治教育的消极影响用到了"可能"一词，意思是分析结果并不一定会发生，以及并不一定能

够获得所有人的认可。

（一）滋生并深化心理健康教育和思想政治教育的矛盾

心理健康教育与思想政治教育在结合过程中会出现一系列问题，在某种程度上，结合是问题产生的源头。思想政治教育在发展过程中的确面临很多困境和问题，而其中一些问题很难解决，或者短期内难以改变。例如，思想政治教育在应对学生心理困惑和心理问题时表现出作用力不足，原因在于思想政治教育常用的思想灌输方式具有一定强制性，不但不能给予学生安抚和关怀，还可能激化矛盾，使心理困惑和问题更为严重。尤其是进入新时代后，这一问题进一步被放大，必须进行针对性应对。相对来说，心理健康教育发展历史较短，并且在发展过程中存在一些难题和困境。心理健康教育与思想政治教育结合时，初期阶段必然会经历摩擦和碰撞，产生很多冲突和矛盾，如心理健康教育工作者和思想政治教育工作者产生迷茫心理：思想政治教育工作者害怕心理健康教育弱化思想政治教育的政治属性，进而在巩固政治稳定性方面有所弱化；心理健康教育工作者害怕心理健康教育被思想政治教育引向政治化道路，进而影响心理健康教育的功能和作用发挥。这两种心理表现让二者结合过程中相关工作人员出现情绪低落现象，甚至会产生怀疑心理。正所谓隔行如隔山，思想政治教育工作者和心理健康教育工作者需要互相学习彼此的知识，才能增进理解，做出更清晰的判断，而不是一味主观臆测。心理健康教育遇到的困境会在一定程度上加深思想政治教育原有的困境，同时思想政治教育的困境也会作用于心理健康教育，当两种困境相互交错时，又会出现新的挑战。长此以往，心理健康教育与思想政治教育的发展均会受到抑制，队伍成员的全面发展也会大受影响。这一过程中的困境和挑战是客观存在的，其走向究竟如何还需要立足于实际情况做出判断，但是从当下来看，客观存在的困境会对二者的融合造成负面影响。面对客观存在的负面影响和可能存在的消极影响，思想政治教育工作者要坚持"一切向前看"原则，不能因为困境和消极影响而选择终止融合，而要在融合中谨慎观察，及时发现和消除不良现象。

（二）蕴含着造成二者自身力量式微的因子

思想政治教育所传递的价值观念具有阶级性、政治性等特征，是意识形态塑造的重要素材和内容。心理健康教育中的价值观念没有明显的倾向性，是站在中立视角进行思考。人们在价值观念选择中受到心理健康教育的引导，可能在判断价值观念时更加注重自身感受，而不去思考价值观念背后的深刻含义，尤其是对国家、对社会的含义。教育者在对受教育者价值观念进行引导时，往往会站在更高的位置，目的是彰显价值观念的重要性、迫切性，进而让受教育者从内心受到震撼，可以自觉地接受和传承。但现实情况却不同，现实生活中的每个人在受教育程度、生活环境、生活方式等方面具有差异，表现出的价值观念带有浓厚的个人色彩，他们在审视某一价值观念时很难站在历史角度与群众角度，做出的判断具有较大局限性，难以理解价值观念的长远意义。他们更常见的做法是进入现实困境中进行思考，在他们看来，只要能够应对或缓和困境便是正确的，而这些价值观念在历史发展中可能是错误的、有害的。为了传承那些具有长远意义的价值观念，教育方式呈现出一定强制性，目的是让人们必须接受和认可，即使这样的做法会引发受教育者的抵触心理。思想政治教育传达价值观念是统治阶级意志的表现，是从宏观视角进行深入思考，既结合历史又远观未来做出的判断，因此教育价值更突出，更加需要普遍传承。心理健康教育在价值观念选取上很少站在宏观和长远立场进行考量，因此选择的价值观念可能与思想政治教育价值观念存在矛盾与冲突，这样必然会影响思想政治教育价值观念的传播。

心理健康教育与思想政治教育在融合过程中可能对彼此造成消极影响。对心理健康教育的借鉴和应用是为思想政治教育提供服务的，目的是推动思想政治教育更好发展。在某种程度上，思想政治教育在融合过程中占据主导地位，而心理健康教育只是外在助力，地位偏离主位，甚至可以说没有确定归属。思想政治教育学科发展过程中，与心理健康教育融合是重要趋势，这能够证明心理健康教育的价值，但与此同时心理健康教育也面临危机，如心理健康教育有可能在融合趋势下彻底沦为思想政治教育的组成部分，自身独立地位受到影响。如此一来，心理健康教育的价值就会大大削弱，使其原有功能难以正常发挥。有学者认为，思想政治教育是不会消失的，只会越来越强大，心理健康教育也会越来越强大，但它的中立属性会让它失去独立性。如果思想政治教育和心理健康教育融合的结果是一方独大、另一方消失，那么这样的融合是否具有意义就值得深入思考和分析。这种可能性呈现出的消极影响会更为严重，极大影响二者的融合效果，心理健康教育领域能否全力助力，如果只是形式化助力，不仅思想政治教育得不到改进和优化，而且心理健康教育也会在这种状态下受到不良影响。

第二节　大学生心理健康教育对思想政治教育的启示

一、加快与心理健康教育的融合进程

在研究心理健康教育对高校思想政治教育的影响和启示时，很多人陷入"扬"心理健康教育、"抑"思想政治教育的误区，主观上认为心理健康教育优点多、存在的问题少，而思想政治教育缺点多、存在的问题多。这样的观点是错误的、片面的，在实际工作中必须坚决摒弃和改正。教育者要做到从内心重视心理健康教育，但不能过于夸大其作用，还要实实在在进行探究，并与思想政治教育相结合验证其可行性。这样才能加快思想政治教育与心理健康教育的融合进程。

（一）保持思想政治教育的开放性状态

心理健康教育的重要性已经得到广泛认可，它通过提供心理健康知识和技能来启发人们的潜能，增强人们应对压力的能力，改善人际关系，使人们更好地处理情绪和情感等，为人们的身心健康和全面发展提供有力支撑。除此之外，心理健康教育在思想政治教育中也发挥了重要作用，能够促进思想政治教育的开放性状态。在今天这个日新月异、快速变革的时代，传统的思想政治教育方式已经无法满足人们对多元化教育的需求。随着大众媒体的普及、信息化技术的发展和社交媒体的兴起，人们的思维方式和生活习惯都发生了变化。因此，传统的思想政治教育方式已经跟不上时代的步伐。针对这一状况，心理健康教育在思想政治教育中的角色显得尤为重要。心理健康教育强调的是多元文化因素的融合，这与思想政治教育强调的思想多元性和开放性不谋而合。思想政治教育的目的之一是培养学生的社会责任意识和应对社会问题的能力。在实践过程中，思想政治课程往往过于抽象而难以被学生接受。心理健康教育则强调实用性，注重解决学生在现实生活中遇到的问题。通过心理健康教育，学生可以学到诸多与自身生活相关的知识，更好地理解社会现象和问题，提高解决问题的能力。这些知识和能力不仅有助于学生在思想政治课程中更好地理解和掌握信息，而且能够让思想政治课程更贴近实际生活，使其在现实生活中得到更好应用。随着现代社会的发展，心理健康教育不再仅仅关注个体的心理健康问题，而是开始注重个体与社会之间的关系。这与思想政治教育的目标相似，二者都致力于促进个体和社会的平衡与协调。在这个意义上，心理健康教育可以为思想政治教育提供新的思路和切入点，使思想政治课程更加立足于个体，立足于具体问题，立足于理论和实践相结合的基础上。心理健康教育对思想政治教育的开放性状态有着至关重要的作用，既能促进思想政治教育的多元化，又能提高思想政治教育的实用性，还能为思想政治教育提供新的思路和切入点。在未来，我们需要继续加强心理健康教育和思想政治教育的有机结合，充分利用二者之间的互补性，为学生提供更加全面的教育，从而推动教育事业不断发展。

（二）主动探索思想政治教育与心理健康教育的融合途径

融合途径的探索要借助其他力量，融合因子和融合机制作用匪浅。首先要充分了解和认识思想政治教育和心理健康教育。从客观角度分析，思想政治教育中有主客体之分，即教育者是主体，受教育者是客体。传统思想政治教育中形成了灌输式的教学方式，当思想政治教育与心理健康教育融合时，要切实摆脱灌输式教学观念的束缚。思想政治教育与心理健康教育的融合途径探索不能只关注某一方面，而应统筹考量。因此在二者融合途径探索中，主体与客体成为重要切入点，如探索主体与客体身份角色的拓展，通过尝试多种身份来确定最合适的，如学生既是受教育者也是教育过程的主体之一，他们要学会在不同身份角色下规划行为，确保实现收获最大化。传统的思想政治教育中，教育者占据主导地位，受教育者需要接受教育者指导，长期在这种模式熏染下，出现了对"主动"过分膜拜和对"被动"过度贬低的现象，进一步凸显了主动者的主导地位，被动者则更为被动。从心理健康教育中得知，每个人既具有主动能力，也能够在被动状态下生存。基于此，思想政治教育工作者可以尝试成为被动者，而学生可以转化为主动者。对于教育者来说，角色转化能够让他们意识到在教育过程中既要接受教育者的知识内容传达，也要做好自我学习和自我教育。当这两种感受碰撞并融合在一起时，能够让教育者对教育的方式与方法进行反思，进而主动控制教育程度，避免过度压缩受教育者的自学空间。对于受教育者来说，角色转化能够拉近他们与思想政治教育的距离，并以主动者姿态进行分析和传达，这一过程中他们能够感受教育者的所思所想，而后融入自身思维，在回归受教育者角色后能够更加理解教育者，也能更全面地把握思想政治教育的本质。

思想政治教育在吸收心理健康教育优秀内容时，需要外在力量不断推动，才能更好融合，使思想政治教育革新面貌。客观分析，人的力量越凝聚，越能产生巨大推力，而要想实现这一目标，需要拉近不同力量主体之间的距离，让他们通过良好交流互动建立紧密联系，然后通力合作，增强合力效果。思想政治教育工作者是思想政治教育中的主体，而从实际工作类型上划分，可以分为理论工作者和实践工作者。有学者指出，思想政治教育理论工作者和实践工作者分属不同阵营。其中，实践工作者主要从事操作性业务，很少参与学术研究；理论研究者主要进行学术研究，面对实际问题从理论层面做出多角度探索，但是探索结果往往太过理想化，难以应对实际问题。这种局面的存在使思想政治教育受到极大影响，必须进行改变。在整合和融合过程中，思想政治教育工作者能够在一定程度上增强主体性力量，但是在智慧凝聚方面效果并不理想，因为内部整合时空间有限、知识有限、智慧有限。考虑到这一点，二者力量的整合与凝聚过程需要重新打造，开展行动性研究。行动性研究指的是教育实践者为了提升实际工作能力而进行的相关研究，以及为了优化行动效果而进行的相关研究。行动性研究取得的效果证明了该研究是值得进行的，能够有力推动思想政治理论研究者和实践工作者找准定位，不只是简单地交叉和渗透，还要真正做到角色交换，使教育者具备多种素质，使思想政治教育和心理健康教育在理论和实践层面均获得良好效果。

思想政治教育和心理健康教育的融合要建立在充分解构的基础上，这样能够了解具体构成要素，并且对要素之间的关系进行深挖，进一步拉近思想政治教育和心理健康教育在客观事实把握上的距离。从实际来看，思想政治教育和心理健康教育分属两个研究领域，但内部存在相似或相同的构成要素，这些要素能够很好地融合，而真正决定二者融合价值的是不同要素。如果教育者能够通过研究实践找出不同要素更多的融合方式和途径，便意味着思想政治教育可以从多角度进行创新。不同要素之间在融合过程中会出现冲突，也会相互覆盖，究竟会产生怎样的反应还需要在实践中做出不断尝试和试验才能了解。这提醒我们必须注重实践，不能一味地在理论层面进行研究探讨，还要将理论研究结果切实转化到实践中。整个过程需要严谨开展，保持严格的审视态度，及时终止不适合、不正确的做法，减少资源的无效投入。

二、致力于理论完善和理性提升

（一）思想政治教育要不断完善自身理论

在国家建设和民族发展中，青年处于中坚地位，他们的价值取向直接决定着国家与民族的价值取向，而青年正处于价值观不成熟时期，有着很大的塑造空间。如果能够把握机遇，引导青年树立正确价值观，则能对国家建设和民族发展产生极大有利影响；如果不能把握这一机遇，便会出现"一步错，步步错"的现象，想要扭转局面将十分困难。这要求高校思想政治教育必须正确迈出第一步，才能为后续走好千万步打下基础。理论完善在整个行动中处于重要地位，理论扎实、正确，行动方案才能不偏离轨道。对于思想政治教育来说，以情感人、以行导人的做法固然具有重要价值，但是这些必须建立在以理服人的基础上。而要想做到以理服人，就要做到不断完善思想政治教育理论内容，既要扎实彻底，也要切实指导实践者，让他们在实践中按照理论要求采取实践策略。理论具有强大力量，只要理论内容说服力充分，便能获得大量受众，进而演变为现实世界中强大的物质力量，而要想达到这一层次，关键是理论要足够彻底。当人们被某一理论彻底说服后，接下来是将人的需求与理论进行结合，为理论切实作用于社会打下基础。

在具体操作层面，一方面，思想政治教育要坚定马克思主义理论指导，但"坚定"不等同于直接照搬，而是要深入挖掘，从马克思主义中获取更符合实际、更具指导性的内容。加强马克思主义理论教育既是学习理论的过程，也是挖掘理论精华的过程，当这两个方面全部做到位，便意味着教育者和受教育者能够形成符合理论要求的世界观，并扎实掌握方法论。马克思主义具有深刻内涵，其中的学说和观点能够发挥巨大指导作用。例如，关于人的全面发展理论能够让人们更为重视自我力量和价值，有利于构建全面发展教育模式。马克思主义具有优越性，这一点已经在实践中得到证明，我们完全有理由继续坚定不移地贯彻马克思主义，相信我们能够切实成为"完整的、实在的、全面的、完善的、有教养的人"。

另一方面，思想政治教育要积极汇集心理健康教育理论，尤其是心理咨询和心理治疗方面的精华。心理健康教育理论的可行性和合理性已经得到实践证明，可以被思想政治教育借鉴和应用，也可以从马克思主义入手探讨其与心理健康教育理论的契合度，这有利于增强思想政治教育对心理健康教育的信任程度，并且在实际借鉴和应用时基于马克思主义运用经验获得更好效果。精神分析理论、阿德勒疗法理论、存在主义疗法理论、来访者为中心疗法理论、格式塔疗法理论、行为疗法理论、认知行为疗法理论、现实疗法理论均是立足于马克思主义所产生的心理健康教育理论。其中，精神分析理论能够促进思想政治教育工作者关注受教育者无意识动机、冲动和意志之间的矛盾，进而基于此分析受教育者存在的问题；阿德勒疗法理论能够帮助思想政治教育工作者认识人的本性，即创造性、主动性和决策性，而这也决定了人必然会受到社会力量的影响，因此思想政治教育工作者要关注社会力量，积极借助社会力量引导或干预受教育者；存在主义疗法理论能够帮助思想政治教育工作者引导受教育者学会选择，通过正确选择确保后续发展正向积极；来访者为中心疗法理论能够帮助思想政治教育工作者做到以受教育者为中心，但并不意味着教育者要走向客体，而是继续充当主体，通过对资源的掌控和利用来更好地引导受教育者；格式塔疗法理论能够帮助思想政治教育工作者学会角色转换，并且主动营造环境为角色转换更深入彻底提供支持；行为疗法理论能够帮助思想政治教育工作者注重行为评价，引导受教育者减少和消除不恰当行为，增加具有建设性的行为；认知行为疗法理论能够帮助思想政治教育工作者认识到感知和思维也会成为出现问题的重要因素，因此要着力引导受教育者改变思维，同时充分尊重内在意愿，二者共同作用能够提升行动正确性；现实疗法理论能够帮助思想政治教育工作者认识到应对问题应秉持实时解决原则，不能拖延，否则就会衍生出其他问题，自身也会产生新的变化。

（二）着力提升科学性和理性

思想政治教育中，要不断提升受教育者的信息获取能力和解读能力。受教育者信息获取能力的高低直接影响思想政治教育效果的好坏，受教育者的信息获取能力越强，思想政治教育效果就越好。心理健康教育也提出了同样要求，但不同的是，心理健康教育会向受教育者提供更多的信息获取方法，有利于受教育者接受和理解更多知识。总体上看，传统思想政治教育采用的研究范式相对处于科学化的边缘，属于弱科学化方法，而当这些方法被应用到科学化知识的学习和理解中时，思想政治教育工作者需要进一步开展实证主义研究，如通过问卷调查、访谈等方式获取实证信息，目的是从信息实证视角增强弱科学化方法的科学性。心理健康教育则不然，可以直接应用相关研究方法，如可采用心理测量方法了解、发现并诊断受教育者存在的心理问题，进而为心理咨询、心理治疗等提供依据。心理测量方法发挥了提供科学依据的作用，使后续辅导和治疗能够顺利开展，并且还能为心理健康教育或思想政治教育相关研究和实验提供素材。心理健康教育研究需要大量素材和研究对象，如在 2001 年部分专家开启的"中国大学生心理健康相关量表的编制"研究课题收集的资料来源于全国范围内 182 所高校。[1] 这样庞大的数据资料能够在一定程度上保证研究结果的科学性。

思想政治教育应革新发展模式，以科学化为目标。从实际情况来看，很多高校运行的德育模式融入了行政管理元素，表现为教师在课堂中利用管理权力对学生施压，让他们接受灌输教育，或者高校利用管理权力向校园舆论施压，使其融入更多德育元素。这样的做法能够在短期内维持稳定，无论是课堂还是校园都能按照一定秩序运转。但从长远来看，学生一时被压制并不能说明他们会一直接受压制，一旦走出教室和校园，他们难免会在无管束状态下我行我素，甚至形成双重人格。因此，行政管理下的德育模式难以获得真正实效。实效性是判断是否科

---

[1] 郭栋．心理健康教育对高校思想政治教育的影响和启示 [D]．杭州：浙江大学，2017：39．

学化的重要指标，缺失实效性意味着非科学化。要想转变当前的思想政治教育模式，应积极借鉴心理健康教育的精华。例如，心理健康教育中的科学性和理性有利于引领思想政治教育，减少弱科学化研究方法的使用频率，引入更多科学化研究方法；心理健康教育注重公共性、基础性等特点，能够引导思想政治教育转变"高高在上"的面貌，与学生拉近距离，以更强的亲和力博得他们的好感。

思想政治教育常给人们留下"灌输"印象，这一结果是长期积淀而成的。"灌输"之所以存在并延续至今，一方面是"灌输"法的确具有自身优势，并在某个时代产生了极大的积极作用；另一方面是"灌输"法简单易行，可以直接拿来使用，因此该种教育方法得到了广泛应用。但是随着时代的发展与变迁，"灌输"法的作用和价值与时代需求产生了冲突，人们排斥"灌输"，因此沿用"灌输"法的思想政治教育在当今时代难以赢得人心。很多学者对"灌输"法发表过反对观点。有的学者认为"灌输"法虽然能够将思想政治教育知识清晰地传达给学生，但是思想政治教育有其特殊性，知识内容往往过于抽象，需要学生在潜移默化中进行理解和认知，这一过程学生会形成模糊不清的观念，进而对学生行为产生极大影响，因而"灌输"下的清晰认知反而在行为影响方面力量不足。思想政治教育应变"灌输"为"渗透"，将强制性教育方式转变为在潜移默化中引导和熏陶，这有利于营造良好的教育氛围，让学生处于其中感受和谐与融洽，使其心态更加愉悦和稳定。学生保持这样的心态能够更好地接受教育，有利于获得良好的教育成果。

思想政治教育也有成功经典案例，这些案例可成为思想政治教育领域开展研究工作的重要素材。心理健康教育在这一方面已经有所尝试，并且获得了理想效果。例如，美国心理学家罗杰斯对自己心理咨询的过程进行了如实记录，这些记录成为心理健康教育和心理咨询领域重要的研究素材，有力地促进了二者的科学化发展进程。罗杰斯记录的内容不仅全面覆盖，而且呈现详细、具体的环节。除此之外，他还对记录内容进行了分类，为相关研究提供了有力支持。思想政治教育工作者应关注这种做法，并在教育实践中积极尝试。这样既有利于拓展思想政治教育的方式与方法，让教育者拥有更广阔的选择空间，还能在潜移默化中改变思想政治教育面貌，提升科学性和合理性。

三、扬弃心理健康教育的方法

要想优化思想政治教育效果，就要处理好教育者和受教育者之间的关系，使二者之间更为和谐，而实现这一目标必然离不开心理健康教育的支持。心理健康教育包含大量具有借鉴价值的内容，尤其是心理咨询板块更为出众。心理咨询产生了丰富多样的方式与方法，这些方式与方法如果能应用到思想政治教育中，则能够推动思想政治教育更好地发展和创新，让受教育者像接受心理健康教育那样接受思想政治教育。

（一）充分吸取并超越心理健康教育中的经验

经验是人们经过实践总结出来的具有指导价值的内容，让人们在后续实践中少走弯路，提升实践效率。思想政治教育可以充分吸收和借鉴心理健康教育实践中的经验，但不能一味地照搬，要进行反思，对不符合自身要求的经验进行重新思考和整合，这样能够避免被经验束缚，依然拥有活跃的创造空间。经验好比食物，需要食用者慢慢消化，不能吸收的便会排出体外。经验只是一种具象认知，并不能上升到规律层次，因此我们在吸收经验时，要明确认知经验内容的适用范围，而不是将其作为普遍规律，不分时间地点、不管情境环境进行使用，那样容易迷失方向。

心理健康教育有着较长的发展历史，尤其是心理咨询和治疗的发展历史超过百年。经过漫长岁月的积淀，心理咨询在如何获取人的信任、如何让人敞开心扉、如何干预心理问题等方面积累了丰富经验。这些经验具有很强的借鉴价值，应得到思想政治教育工作者的具体参考和借鉴。思想政治教育除了借鉴和学习心理健康教育理论层面的发展经验外，还要注重挖掘心理健康教育实践工作中的实效经验，但无论哪种经验，在借鉴和学习时都要秉持"超越"态度，使经验内容得到更好的内化，切实促进自身理论和实践水平获得提升。

（二）营造一种有层次感的环境氛围

思想政治教育需要营造让受教育者获得良好感受的环境。众所周知，环境具有强大的潜移默化的感染力，借助环境力量育人，有利于获得良好的育人效果。

思想政治教育在环境营造中要注重塑造层次，使环境形成交叉和融合面貌。整体上看，思想政治教育环境营造要以科学、舒适、活泼等为标准。人们在活泼的环境中与他人谈话时，往往会感到十分愉悦，大脑运转更加迅速，谈话积极性更高。心理咨询中十分注重环境设置，除了营造活泼环境为良好对话提供支持外，还要注重环境的安全性和安静性，进而让咨询对象放松，以舒适的心态参与到心理咨询中。房间墙壁色彩、灯光明暗、家具种类等是环境营造中需要关注的细节，这要求思想政治教育工作者做好细节，通过亲身感受来有针对性和有目的性地营造教育环境。思想政治教育环境还要足够"宽容"。营造舒适的环境并不等同于放宽思想政治教育要求，而环境本身与教育是否严格并没有直接关系，思想政治教育环境之所以让人产生抵触心理，原因在于教育者的"一刀切"行为。有学者指出，舒适的环境能够让人感到放松，有利于缓解固执、偏激、情绪化等行为，让人们恢复平和的心理状态。思想政治教育拥有"宽容"的环境，既能够拉近教师与学生之间的距离，也能够让学生保持良好的心理状态，有利于知识内容的传达。另外,学生在这样的环境中也能获得张扬个性的机会,促进自身潜能得到开发。心理学上有一个概念叫逆反心理，表现为人们对某种事物的抗拒和抵触，如大学生刚刚进入大学校园，会因为不适应环境而产生逆反心理。如果校园文化环境足够包容，大学新生的逆反心理就会很快消失。思想政治教育营造包容环境，也能消除学生的逆反心理，让他们更加适应环境，更能在教育过程中获得良好表现。

（三）留心教育过程中语言的使用

教育者向受教育者传达知识、答疑解惑均需要运用语言，语言表达效果会对知识传达效果、答疑解惑效果产生直接影响。很多时候，我们在思考思想政治教育效果不佳的原因时经常会忽略语言这一因素，而实际上这一因素发挥的作用不可忽视。语言是一种信息表达工具，通过语言，人们能够表达对世界的感受和理解，让他人获得了解，同时他人也能用语言做出回应和评价。思想政治教育工作者要关注语言应用，不断优化语言表达方式。有的教育者是"刀子嘴"，当受教育者做出不符合要求的行为时会使用严词厉语进行批评，而丝毫不关心这样的语言会对受教育者产生何种不良影响，这样的做法与思想政治教育的初衷是相背离的。大学生正处于青年时期，往往有着强烈的叛逆性，任何不符合他们心情的词语都可能让他们感到不适，但这并不意味着教育者在传道授业时为了不引起学生的逆反心理而需要谨小慎微地进行语言表达，因为那样会影响教学效果。正确的做法是保证语言大体上达到标准，并不需要花费太多精力抠字眼。心理健康教育中也会十分注重语言的使用，如焦点对话模式、认知行为疗法中的语言使用具有很大的借鉴价值。这些语言表达模式告诉人们在不同情境中的语言使用方式和反馈方式。在思想政治教育和心理健康教育中，语言的作用存在差异。例如，在心理健康教育中，语言主要用于让人更好地接收信息，并且随时做好反馈的准备，语言方式是核心；而在思想政治教育中，语言用于传递价值观，促进学生的自由而全面发展，语言传递的内容是核心。

在研究语言使用方式时，词语是重要因素。词语连接形成语言，词语组合方式影响着语言的逻辑性，从某种意义上看，词语本身的含义弱于逻辑性，可能某些词语能够很好地描述知识内容，但如果逻辑性不强，就会影响传播与传递效果。词语逻辑的背后其实是语言在发挥作用。思想政治教育工作者和受教育者在思想政治教育活动中要对语言效能进行深入了解和认知，懂得哪些语言有力量，哪些语言能够表现出强大威力，哪些语言能够拉近人与人之间的距离。心理咨询工作中，语言应用是否得当直接关系到心理咨询的效果，因而在长期积累和实践中心理健康教育逐步形成了一套相对完整的、科学的语言应用策略。词语的威力不容小觑，词语组合时要得到逻辑性指导。从方法上分析，断言法、重复法、传染法是重要的手段。除了这三种手段外，也可以使用模糊法。该方法追求模糊效果，在某些领域具有优势。从某种程度上看，模糊与精确并不是泾渭分明的关系，模糊也具有自身精确向度，能够带给人广阔的想象空间，让人们拥有更多空间接近自己的真实意愿，并且基于此构建思维和行为，最终获得的效果更加符合人的需求，并展现出精神层次的准确性。思想政治教育工作者使用模糊法组织语言，能够从宏观上指导受教育者，在这一过程中传达的知识不需要具体详细，否则会让人们感到迷惘且很难理解，反而起到反作用。

具体来说，思想政治教育活动中的语言使用分布在两种情境中，一种是群体情境，另一种是个体情境。思想政治教育工作者在向受教育者传达信息时，无论哪种情境都要保持尊重受教育者的原则，不能在语言上表现出等级差异，而要以平和舒适的方式进行表达，让受教育者更愿意接受。教育者在构思语言时应尝试站在受教育者角度进行考虑，语言尽量委婉，衡量标准是语言内容不能引起受教育者抵触。这一过程是动态的，需要教育者基于受教育者的反馈不断调整和优化。一般来说，教育者和受教育者在进行交流沟通时，如果言辞不当则可能引起受教育者反感，表现为受教育者多频率解释，而不是静下心来细细倾听，如此一来教育效果必然受到影响。

在实际情况中，思想政治教育改进和优化会通过革新教育理念、调整教育方式、丰富教育内容等方式进行，要切实发挥作用还需要教育者充分重视语言。教育者语言贯穿教育的整个过程，发挥着阐述教育内容、促进教育方式高效率使用等作用。如果语言存在问题，那么对受教育者来说，教育内容就会变得没有光彩，他们将不愿意靠近和接受。很多时候，教育者的某些长期形成的不良语言表达习惯会让受教育者瞬间对教育过程产生反抗心理，想要扭转和改变这一状况，就要先改变语言表达习惯，如当学生犯错时，教师常说："某某某，不要怪我说话难听，你知道你现在的问题有多严重吗？这样下去你会把自己毁掉！"学生听后往往第一反应不是反思而是抵抗。有的教师会说："某某某，最近学习如何，生活上的一切是否顺心？"学生听后会迅速思考最近的表现，因为他们从语言中感受到关怀。很多情况下，语言表达者即使说的是事实，但因为用词不当、语言表达方式不合理而造成表达效果不佳，让交流者产生不良的心理反应。教育者在组织语言时要作为引导者、关怀者，而不是管理者、批评者，如此进行的语言表达具有更强的唤醒与激发力量，让受教育者愿意反思，愿意接受知识内容。总而言之，思想政治教育工作者要在教育过程中不断反思总结语言表达方式，通过优化改进来更好地传达知识，也使受教育者更容易接受。

（四）将情感注入教育过程

思想政治教育工作者要成为一个有思想、有情感的人，就要学会运用情感育人方式，懂得通过情感打动人心。有学者指出，人既会受到智商影响，也会受到情感影响。相较而言，情感的影响力大于智商，情感影响会更加深入，直抵灵魂。在日常交流中，懂得运用情感的人，他人愿意接近，而那些一味谈理性的人，会让他人敬而远之。具体来说，在思想政治教育中，教育者在传达知识和进行价值观引导时应表现出真挚热情，这样更能感动人和感化人，让受教育者从内心深处去接受和品味；如果采用枯燥乏味的传达方式，会让受教育者感到索然无趣，就难以获得理想的教育效果。教育者也会感到不适，但很多时候这种枯燥乏味、照本宣科的传达方式简单易行，不需要花费时间进行规划和设计。将情感注入思想政治教育整个过程中，有利于拉近教育者和受教育者之间的距离，让他们更好地交流互动，促进知识传达获得更好效果。思想政治教育与情感深入融合后，将会变得更有温度，人们更愿意接受，也更愿意相信。

思想政治教育需要丰富的情感表达，关键是养成以情感视角思考问题的习惯，在教育实践中探查情感的多种作用，在与人接触和交往中积累更多的情感经验。教育者还要认识到自身在教育过程中面对的是活生生的人，要想将知识内容更好地传达给他们，必须改变知识原本给人的刻板形象，让它们更具灵动性和活力，这样更容易被受教育者接受。受教育者也会有自己的情感，教育者要深入体验，感受他人情感的内涵和表现，进而找到更适宜的方式来满足受教育者的情感诉求。

四、着眼于心理健康教育问题的矫正

人们在面对客观事物时，遵循"取其精华，去其糟粕"的原则。从辩证视角分析，糟粕和精华只是两个具有对立性的概念，并不意味着二者是绝对的对立，即糟粕不一定是糟粕，精华不一定是精华。除此之外，二者还具有相互转化的可能性和必然性。因此在明确心理健康教育对高校思想政治教育的诸多影响后，要遵循辩证思维进行吸收和利用，要积极吸收心理健康教育中的精华，要找到相应方式将心理健康教育中的糟粕转化为精华。

（一）识别心理健康教育中的"糟粕"

"糟粕"往往是落后的、负面的、存在问题的，做出这样的判断往往需要深入分析和验证，这一过程可以弥补形而上思维的短板，使问题真正得到剖析，从而带来实际价值。心理健康教育是一种围绕人的心理展开的教育研究，并在经验持续积累中逐步形成系统，当这一系统形成后，心理健康问题就有了衡量标准。从某种意义上看，人们对心理健康教育的认知是心理健康问题产生的源头。因此，要想更好地识别心理健康教育中的"糟粕"，就需要回归到人们对心理健康教育的认识层面。

识别"糟粕"并不容易，需要人们做很多准备，其中深入了解心理健康教育是关键所在，如心理健康教育的产生、发展脉络、发展趋势等要厘清细化，从极为客观的视角做出评价和分析。这样有利于分清"糟粕"和"精华"，并要深入知晓它们的原始面貌。对于思想政治教育工作者来说，这一过程能够让他们更加了解心理健康教育的相关内容。那些产生不利影响的就是"糟粕"，可以对其进行针对性处理。当前心理健康教育问题在理论和实践层面都存在。

理论层面：一方面，心理健康教育相关理论在中国化和本土化方面程度较低，对实际应用产生了极大阻碍。西方国家在研究心理健康教育方面走在前列，并且提出了系统的理论体系。这些理论必然留有西方国家的印记，我国在引入和应用时不能简单照搬和模仿，否则会因为不相容而产生不良效果。另一方面，心理健康教育理论进展较为缓慢。从实际情况来看，我国教育部出台了一系列文件推动心理健康教育的研究和应用，这有利于提升人们的重视程度，但不同的人表现出不同态度。很多人认为心理健康教育融入太多主观因素，但实际上并非如此，心理研究结果和结论并不是研究者的主观总结，而是建立在科学实验和科学检验基础上的。因此，心理健康教育研究需要投入更多支持力量才能深化进行。不同群体对待心理健康教育的不同态度造成相关理论发展存在参差不齐的现象，基于木桶效应可知，心理健康教育理论最低层次的认知程度决定了整体发展水平。目前，心理健康教育理论虽然在类型上多种多样，但是相互之间相似度较高，造成心理健康教育理论的指导价值大幅缩水。在新时代，心理问题层出不穷，更加需要新的理论进行应对和解决，但实际上并没有产生足够的、与时俱进的心理健康教育理论。

实践层面：一是心理健康教育考核标准备受质疑。在高校中开展心理健康检测时通常采取书面考核方式，与书面形式标准进行对照后获得检测结果。这样的检测过程十分表面化，在很多人看来并不能充分反映心理状况。这就要求心理健康教育考核标准向动态化演进，以动态视角对大学生的心理状况做出评价。二是不同高校之间的心理健康教育存在差异，其中心理健康教育专业人员数量和素质是引发差异的重要因素。总体来看，不同高校之间心理健康教育水平良莠不齐。三是心理健康教育过程在保密性上有所欠缺。当今时代，人们更加重视隐私，对交流环境的私密性提出更高要求。但实际情况中由于受多种因素影响，心理健康教育过程很难做到完全保密，这就造成受教育者产生抵触心理。另外，目前心理健康教育中存在案例素材不足现象，有的素材缺乏真实性，存在为了研究进行杜撰的现象。综合这些影响因素，心理健康教育的影响力受到削弱，受教育者群体对心理健康教育的认知程度有所不足，很多心理层面存在困惑和问题的学生不愿意直面现实，在不断累积中造成心理困惑和心理问题更加严重，不仅打乱了心理系统，在一定程度上也不利于心理健康教育案例研究。

（二）对糟粕进行批判，朝精华方向转化

批判心理健康教育的糟粕，使其向精华转化可通过以下三步来实现。

第一步是重视心理健康教育。在这一要求支撑下，人们能够端正对待心理困惑与心理问题的态度，积极地面对而不是逃避。每个人都会产生心理活动，并且是持续的、不间断的。除了外部客观事物对自我心理活动产生影响外，自身内在心理活动发展也在催生新的心理活动。内外因素成为心理问题产生的两个重要原因，而这两个因素（尤其是内在因素）持续不断地发挥作用，因此心理问题也持续存在，只是大多数心理问题并不严重，没有十分显著的表现，或者被其他显著外在表象覆盖。所以我们要承认这一现实，认识到心理问题是持续存在的，如果一味忽视就容易使心理问题逐步变得严重，进而发展成更加难以应对的心理疾病。正视问题是基本态度，既不要过分担心和焦虑，也不能轻视不上心，当发现自己存在心理问题时，要积极进行干预，如分享就是一种很好的方式，通过分享能够释放不良情绪，也能够为进一步了解心理问题提供帮助，有利于找到应对心理问题的方式方法，为研究心理问题的产生和发展规律做出贡献。

第二步是挖掘糟粕中的隐性优势。按照辩证唯物主义理论进行分析，糟粕和精华并不是绝对的，二者共同存在于同一主体中，并且在相应条件下能够相互转换。前文提到的心理健康教育中存在的问题并不是绝对问题，只要采取正确方式就能得到正向收获。例如，心理健康教育队伍人员数量少、专业素养不足就是一个客观存在的问题，但反过来看，这一问题能够起到提示作用，让相关部门注意到并给予高度重视，进而采取相关举措进行改变和优化。又如，心理健康教育考核机制存在问题，被很多人质疑，但这一问题的核心在于心理健康教育考核标准不够科学合理，而考核机制具有很强的存在价值，对我们及时发现心理问题具有重要意义，因此考核机制还要继续沿用，只是要对考核标准做出针对性调整。糟粕向精华转化能够发挥正向价值，反过来，精华向糟粕转化只能发挥负面价值，因此我们要提高对后一种表现的关注度，尽量避免其发生。在思想政治教育中对心理健康教育精华的运用既要掌握好程度，也要控制好时机，不能简单照搬或者不分情况全过程使用。

第三步是加大对心理健康教育的宣传力度。采取更有力度的宣传方式，能够普及心理健康知识，有利于人们正确认识心理问题，进而正确对待和应对。国家对心理健康的重视程度不断增强，出台了一系列文件推动心理健康教育的普及开展，在这种态势下，人们逐渐了解心理健康教育中的精华，并且积极尝试应用。这一过程能够发挥进一步筛选作用，使精华中的精华被人们掌握。具体到高校中，开设心理健康教育课程是必要的。除此之外，打造更优质、更专业的心理健康教育团队也是重中之重，这样能够有力提升心理健康教育效果，使其影响力更为突出，也有利于增强心理健康教育在思想政治教育中的地位和作用。思想政治教育在吸收和应用心理健康教育内容与方式时要保持谨慎，不能盲目照搬和全盘接收，否则难以区分精华和糟粕。

第七章 大学生心理健康教育在思想政治教育中的功能发挥

第一节 大学生心理健康教育在思想政治教育中功能发挥的现状

一、心理健康教育在大学生思想政治教育中功能发挥的调查设计

（一）调查背景及方法

1. 调查背景

近年来，人们的生活节奏越来越快，社会竞争压力也越来越大。当代大学生在这种局面下承受着巨大压力，无论是学习、生活还是就业等方面都需要考虑更多、付出更多，这成为大学生出现心理问题的重要原因。对大学生心理问题进行预防和化解应得到高校的足够重视，其中思想政治教育是重要的应对途径。在党的十八大之后，我国出台了一系列改革政策推动高校思想政治教育进行创新，其中应对当代大学生的心理问题和思想问题是重点。对大学生进行思想政治教育和心理健康教育是教育领域的重要工作，这样既能够响应国家政策，也能够帮助大学生获得更好发展。因此，高校研究大学生心理健康教育在思想政治教育中的功能发挥势在必行。本调查主要针对河北省内相关高校大学生思想政治教育与心理健康教育融合程度进行评价分析。

2. 调查方法

本调查主要采用问卷调查法、访谈调查法、数理分析法等方法。其中，问卷调查法是一种定性研究方法，通过收集问卷进行分析研究，最后做出总结。调查使用的问卷主要从高校心理课程设置、心理健康教育活动形式、思想政治教育工作内容和方法、大学生心理问题分类等方面进行设计。问卷类型分为教师用卷和学生用卷两种形式。访谈调查法是一种采取集体座谈或个别访谈方式进行调查的方法。

在访谈过程中，访谈者和访谈对象能够近距离接触，并通过实时交流对相关问题进行深入挖掘和探析。数理分析法是一种定量研究方法，需要对获得的相关信息进行数理研究，使呈现的内容更有条理性和逻辑性，让人们更好地了解调查结果。

（二）调查研究的设计

1. 研究对象

本调查的研究对象为河北省内相关高校，具体包括河北师范大学、河北经贸大学、廊坊师范学院、河北科技大学理工学院、河北建材职业技术学院。这几所高校中有省属重点大学，也有省属本科院校，还有高等职业院校，并且较为分散，这有利于调查结果的科学性和可信性。表 7.1 为各所高校学生问卷发放及回收数量情况（按学科分类）。表 7.2 为各所高校学生问卷发放及回收数量情况（按班级分类）。

表 7.1　各所高校学生问卷发放及回收数量情况（按学科分类）

单位：份

学校名称	总数		理科		工科		文史科	
	发放总数	回收总数	发放数量	回收数量	发放数量	回收数量	发放数量	回收数量
河北师范大学	1000	980	300	296	100	98	600	586
河北经贸大学	1000	972	300	292	300	290	400	390
廊坊师范学院	1000	971	300	292	100	95	600	584
河北科技大学理工学院	1000	965	300	295	500	487	200	183
河北建材职业技术学院	1000	958	300	285	500	480	200	193
合计	5000	4846	1500	1460	1500	1450	2000	1936

表 7.2　各所高校学生问卷发放及回收数量情况（按班级分类）

单位：份

学校名称	总数		一年级		二年级		三年级		四年级	
	发放总数	回收总数	发放总数	回收总数	发放总数	回收总数	发放总数	回收总数	发放总数	回收总数
河北师范大学	1000	980	250	248	250	249	250	243	250	240
河北经贸大学	1000	972	250	247	250	247	250	240	250	238
廊坊师范学院	1000	971	250	247	250	248	250	241	250	235
河北科技大学理工学院	1000	965	250	246	250	246	250	243	250	230
河北建材职业技术学院	1000	958	300	295	400	383	300	280	0	0
合计	5000	4846	1300	1283	1400	1373	1300	1247	1000	943

2. 研究问卷

关于"心理健康教育在大学生思想政治教育中的功能"调查问卷（学生用卷），该问卷主要包含四大类问题：第一，调查对象的基本情况，主要包括调查对象的学校、年级、专业、性别等信息；第二，调查对象在心理健康教育方面的表现，主要就课程设置、心理教育活动开展、心理问题分类和心理教育活动的意义等方面进行调查；第三，调查对象在思想政治教育方面的表现，主要就思想政治教育的方式、思想政治教育的意义等方面进行调查；第四，心理健康教育在大学生思想政治教育中的功能具体体现及功能发挥的影响因素。问卷回收后进行有效性审阅，利用软件对有效数据进行整理和分析。

关于"大学生心理健康教育和思想政治教育的功能"调查问卷（教师用卷），该问卷主要包含三大类问题：第一，该校落实国家关于思想政治教育和心理健康教育政策的现实情况；第二，该校大学生心理健康教育工作开展的具体情况；第三，大学生心理健康教育对思想政治教育的借鉴意义。

3. 结果分析

对回收的问卷进行数理统计分析，对访谈的记录进行分类归纳，分析数据背后的大学生心理健康教育和思想政治教育现状，并探求心理健康教育在大学生思想政治教育中的功能，研究其功能发挥的现状，分析功能发挥中存在问题的原因。

二、大学生心理健康教育在思想政治教育中功能发挥的成效

（一）落实国家心理教育相关政策，构建思想政治教育良好的育人环境

当今世界呈现一体化发展趋势，而且在信息时代的促进下更为剧烈，各种思潮充斥在大学生的生活与学习环境中。大学生思维活跃，喜爱追赶潮流，加之判断力不够成熟，容易受这些思潮影响，造成他们在生活与学习中出现很多问题。高校思想政治教育和心理健康教育工作需要基于实际情况不断加强，我国政府和相关部门不断出台新政策引导大学生心理健康教育和思想政治教育做出调整，从内容范围到实施规范再到体系建设均提出新的要求。

在党的十八大之后，党和国家将大学生思想政治教育和心理健康教育工作放到更高层次，这为其创新发展提供了有力支撑。在相关政策文件的指导下，高等

教育进一步明确了提升大学生心理素质的重要性，并且将心理素质和思想道德、科技文化水平等紧密联系起来。同时，国家相关政策也着重强调高校开展教育工作要遵循思想政治教育规律和大学生身心发展规律，不能为了某个方面的优化和增强而采取片面措施，否则将导致大学生综合素质难以协调发展。从"大学生心理健康教育和思想政治教育的功能"调查问卷（教师用卷）中了解到，90%以上的教师对国家出台的关于大学生心理健康教育相关文件较为了解。在他们看来，国家出台的相关文件具有较强的针对性，但是学习这些文件的时间不够充足。教师作为大学生心理健康教育的主导群体，应获得足够时间学习相关政策文件，进而加深理解和认知，并转化为实际行动能力。在国家出台的相关政策文件中，《教育部 卫生部 共青团中央关于进一步加强和改进大学生心理健康教育的意见》《普通高等学校健康教育指导纲要》《关于加强和改进新形势下高校思想政治工作的意见》等文件更具代表性。

（二）心理健康教育工作的迅速发展，促进思想政治教育功能的全面体现

1. 高校心理健康教育工作发展迅速

在国家政策文件的指导下，我国各大高校采取了相关改进举措，使大学生心理健康教育工作得到快速发展，尤其是心理健康教育相关机制得到构建后，大学生思想政治教育工作获得了更多的支持和保障。

首先，心理咨询机构在各大高校中得到建立。2009年，我国各大高校中已经普遍建立大学生心理咨询机构，这些机构主要隶属学生处，这样一来心理咨询机构能够获得各方面资源保障，如政策保障、经费保障、场地保障、实施保障、待遇保障等。本次调研的河北省五所高校均设置了心理健康中心，并且组建专业团队支持该机构正常运行。

其次，普遍开设心理健康课程。建立大学生心理咨询机构主要是发挥心理干预和引导作用，而要想切实提升大学生的心理素质，还需要从课程建设入手。从调查中了解到，调研的河北省五所高校均开设了大学生心理健康教育、思想道德修养与法律基础等课程，部分院校还设立了新的选修课程。课程开设后要有教师团队提供支持，从调查结果来看，辅导员队伍、心理学专业教师、思想政治课教

师占据主导。从教学效果来看，大部分学生反映这些课程融入了心理学基础知识、大学生心理疾病预防等方面内容。在对心理健康教育课程的作用效果调研中发现，81.82% 的学生认为"能够缓解压力"，59.16% 的学生认为"有利于形成更好性格"，48.56% 的学生认为"能够预防心理问题"，只有 8.83% 的学生认为课程开设对自身没有产生影响，分析原因，主要是这些学生在课堂上没有认真听讲、教师讲解不到位等造成的。

最后，心理健康教育工作机制得到构建。目前，高等教育构建的心理健康教育机制包括五大内容：一是评价机制，评价主体包括家庭、学校、教师与学生，目的是全方位提供评价意见；二是心理咨询运作机制，主要是为心理咨询工作提供制度保障；三是危机预警和干预机制，其中引入了网络信息技术，对优化预警和干预效果作用匪浅；四是工作队伍建设机制，主要规范工作队伍建设工作；五是心理咨询督导机制，目的是保障心理咨询工作能够专业化运行，为大学生获得良好咨询效果提供支撑。在调研的河北省五所高校中，心理健康教育工作机制的构建均取得了良好成绩。例如，河北师范大学构建了"12345"心理健康教育工作模式，具体为一个目标、两个机制、三支队伍、四级网络、五个结合，而在机制层面，行政管理领导和专家业务指导是重要机制之一，对心理健康教育队伍建设起到了指导作用，打造出专职与兼职共存的工作队伍；在河北经贸大学，心理健康中心职责得到进一步明确，各项工作均获得制度化和体系化，并且在开展工作时做到线上、线下相结合，使心理工作效率和效果得到优化；廊坊师范学院推动心理工作日常化，将每日宣讲心理健康教育知识作为重点，并且在班级内部建立了班级心理委员会。班级心理委员会除了向学生宣传和讲解心理知识外，还担负着了解学生心理状况的职责，并采取针对性措施进行应对和解决。

2. 促进思想政治教育功能具体实现

第一，优秀师资队伍和管理团队为教育功能实现提供了基本保障。我国高校思想政治教育工作是由思想政治理论课教师和相关工作人员负责的，而心理健康教育工作是由心理学专业教师和校内具备心理咨询能力的兼职人员负责的。辅导员往往全程参与，既是思想政治教育日常工作的组织者，也是心理健康教育工作的实施者。这要求辅导员具备更强的能力和素质，能够在实际工作中处理二者关系。例如，心理健康教育工作更加注重基础能力，需要辅导员具备心理疏导技能，帮助学生解决心理困惑，维持健康的心态和人格；思想政治教育注重升华，需要辅导员向学生传达思想政治教育内容，引导学生树立正确价值观并且在行为上符合价值观要求。辅导员同时担任两种角色，这在客观上推动了心理健康教育与思想政治教育的结合，为心理健康教育在思想政治教育中产生更大价值提供了条件。在调查中发现，河北省五所高校的思想政治教育和心理健康教育工作均能正常运行，相关工作内容切实得到落实，为学生维持心理健康提供了很大助力。在对教师的调查中发现，91.3% 的教师取得了心理咨询师资格证，但是仅有资格证并不代表他们能够做好心理健康教育工作。很多教师在岗位工作中难以做到关怀和关爱学生，阻碍了学生咨询心理问题的热情。高校应完善相关机制，为教师进一步提升相关素质做出贡献。例如，河北师范大学建立了辅导员队伍建设机制，并在培训内容中加入大学生学习心理、人际交往心理、职业生涯规划等知识与技能内容，目的是提升辅导员的综合能力，让他们在大学生心理健康成长指导方面做得更好；河北科技大学理工学院建立了大学生心理健康档案制度，要求教师对大学生心理状况进行了解和评价，而后收录到档案中为后续心理指导工作提供参考，这一制度拉近了教师与学生的距离，督促教师更加认真地与学生交流互动。

第二，丰富多样的实践活动为思想政治教育功能的发挥提供了基本途径。大学生心理素质提升要建立在大学生心理健康基础上，思想政治教育在这一过程中发挥着重要作用，而仅仅进行理论传达与阐释是不够的，还需要引入实践活动进行支撑。从调查中发现，河北省五所高校在开展心理健康教育实践活动方面取得了良好成绩，如这几所高校均设立了大学生心理健康教育与咨询中心，并在工作日为学生提供服务，如果学生不方便前往，也可采取打电话、网上咨询等方式进行心理咨询。除了心理咨询业务外，该机构还对大学新生进行心理测试，目的是了解他们的心理健康状态，进而在后续心理健康教育工作中更有方向和目标。开展实践活动应成为常态，调研的河北省五所高校开启了心理健康实践活动品牌化进程。例如，河北师范大学在每年11月举办大学生心理运动会，该活动包含多个比赛项目，既有单人项目，也有团体项目。从效果来看，广大师生从中释放了心理压力，心态上更加乐观向上，并且对合作的重要性有了更深入的了解。该项实践活动在校内产生了巨大影响，报名人数逐年增加。河北经贸大学在每年 5 月 25 日举办大学生心理健康教育系列活动，其中包括丰富多样的活动形式，既有娱乐活动，也有教育活动。学生参与其中不仅能娱悦身心，还能学会如何应对挫折和压力，以及懂得如何管理情绪和时间。该活动在校园文化建设中发挥了重要作用，营造出温馨和谐的集体文化氛围。廊坊师范学院开展了心理健康月、心理委员培训、心理委员风采秀等活动，并且在这些活动中融入心理图书分享、心理电影赏析、心理讲座等形式，使实践活动更加丰富多彩，受到了广大师生的欢迎。高校开展思想政治教育工作以引导学生身心健康为重要目标和任务，融入心理实践活动能够为实现目标和任务提供支持，并且可以积累经验，为不断拓展和丰富实践活动形式打下基础。

三、心理健康教育在大学生思想政治教育中功能发挥不足的表现

近年来，大学生心理健康教育和思想政治教育不断优化发展，取得了令人瞩目的成绩，但是仍然存在一系列问题，对大学生素质教育产生了不良影响。例如，一些高校在开展心理健康教育时一味重视广度而忽视深度，造成实效性不够；一些高校将重点放在学生心理问题处理上，而忽视了日常教育管理，使心理健康教育出现"头疼医头、脚疼医脚"现象；一些高校将心理健康教育工作完全交给专业教师，使育人范围受到局限，育人成效不尽如人意。以上这些情况在河北省五所高校的调查分析中也有出现，造成部分大学生身心健康处于较低水平，而心理健康教育虽然得到开展，但难以真正解决和化解大学生心理问题。

（一）部分大学生身心不够健康，个体生理机能无法全面保障

在当今社会，社会现象变得更加复杂和多样化，人们对社会现象进行判断往往难度较大，判断结果不够准确和科学。在校大学生作为国家未来的重要建设者，他们思维活跃、心理敏感，其心理状态能够成为社会心理发展现状的"晴雨表"。在校大学生大多已经成年，可是思想和心理情绪等并不够成熟，他们的社会经验

较少，人际交往范围较窄，步入大学校园后容易出现心理不适应，使人际关系恶化，加上受到日常生活学习中存在的各类矛盾与冲突的影响，极容易产生迷茫心理，且对未来发展没有规划。当这些心理问题持续存在时，大学生的心理压力就会不断增大，进而产生焦虑、抑郁等不良心理表现，更为严重时演化为心理危机或心理障碍。近年来，很多学者在对大学生心理状况进行调研后指出，我国当代大学生心理健康整体状况不尽如人意，部分大学生存在心理问题，个别大学生产生过严重的心理障碍或心理疾病。

心理问题是一颗不定时炸弹，随时都有爆炸的可能。因为心理问题引发惨案的事件时有发生，在调研的河北省五所高校中，也发生过大学生因心理问题而走向极端的事件。当代大学生心理健康问题已受到高校和社会各界的大力关注，这也对高校思想政治教育工作提出了更高要求，如果高校难以有效应对，不仅会有更多大学生受害，还会对和谐社会的构建产生极大阻碍。

从调查报告中了解到，在河北省五所高校中，90%以上的学生认为自己对"心理健康"比较了解或一般了解，70%以上的学生认为自己的心理"非常健康"或"比较健康"。对于"你曾经有过以下哪种心理状态"，5.01%的学生选择"没有任何心理问题"，26.97%的学生认为"偶尔感觉心理压力大"，55.04%的学生认为"偶尔产生焦虑、苦恼等情绪"，将近10%的学生"产生过自杀的想法"，3%的学生"对如何自杀进行过构思"。从以上数据中可以了解到，大学生群体或多或少存在心理问题，由此得出当代大学生整体心理状况不容乐观的结论。从全国范围来看，大学生自杀事件每年都会发生，因心理问题影响个体发展的案例数量更多。解决心理问题，让大学生保持健康心理是当下各大高校的重点工作之一。

有学者认为，思想政治教育应将思想教育、政治教育、道德教育、心理教育等融为一体，而这些内容在思想政治教育体系中各具作用。其中，思想教育是先导，政治教育是核心，道德教育是重点，心理教育是基础。关于心理教育是否是思想政治教育组成内容的研究尚没有统一认知，但是心理教育对思想政治教育的相关作用在学界得到了普遍认可。当代大学生只有保持身心健康，生活和学习才能顺利、高效，思想政治教育的作用才能得到更好发挥。心理健康教育在思想政治教育中的功能要得到强化，切实发挥维护大学生心理健康的作用，确保大学生心理状态处于健康水平，为个体生理机能正常运转打下基础。但是，我国高校大学生整体心理健康状况并不乐观，大学生身心健康问题切实存在并且时有不良事件发生，这就要求高校进一步优化和加强心理健康教育和思想政治教育工作，以确保思想政治教育个体生存功能得到充分发挥。

（二）部分大学生政治人格不够健全，政治导向功能发挥不充分

在心理学范畴下，培养大学生的健全人格是重要内容，人格健全，心理特征也会趋向良性。健全的人格包括独立自主的能力、积极进取的品格、正确的人生价值取向、良好的情绪控制能力等。对于大学生来说，保持心理状态健康及心理素质良好是获得健全人格的重要前提，如果心理健康问题得不到良好解决，健全人格的塑造就会受到很大阻碍。

基于相关研究了解到，大学生拥有良好的个性品质会对自身发展产生深远影响，这一影响力较之学习知识和技能更为出众。大学生心理健康教育能够在培养良好个性特征方面发挥重要作用，因此做好该项工作意义重大。大学生的意志、个性、气质等得到良好塑造，可使思想政治观念得到夯实，从而使思想政治教育的政治导向功能得以发挥。在对河北省五所高校调研后发现，很多大学生的政治人格不够健全，价值观、理想信念、责任感等方面存在问题。

首先是价值观。价值观是一种深层次的价值意识，对思想行为产生深刻影响。目前，当代大学生价值观多元化已成为现实，而价值观多元化既有积极影响也有不良影响。一方面，大学生在多种崇尚真善美的价值观熏染下更加积极健康，如爱国情怀更加浓烈，社会责任感更加强烈，对党和国家的发展道路表现出更坚定的认同态度；另一方面，大学生面对多种价值观冲击时，在一定程度上出现信仰迷失、精神迷茫等现象，如果不能及时得到指导，价值取向可能向负面方向发展。具体来说，负面方向的价值取向主要表现在两个方面：一是大学生更加注重个体利益而降低对社会利益的关注程度，进而在处理个体与社会之间的关系时难以做出正确选择。集体主义价值观在学校教育中处于重要地位，教师持续向学生传达，引导他们形成自觉维护国家利益和集体利益的观念，在个人利益与集体利益发生冲突时，应将集体利益放在更高位置。大学生的社会经验、知识广度等不断增加，开始对一些问题进行重新思考，如个人与集体的关系就是重要的思考内容。生活于和平时代，真正考验人们如何处理个人与集体关系的机会越来越少，加上西方个人主义思潮大肆涌入，当代大学生的价值观逐步向个体本位转变。在本次调查中，80%的学生认为"为谋求更优越生活"是大学生学习和生活的重要动力；10%的学生选择"为祖国繁荣富强"是动力所在；10%的学生表现出"人云亦云"的态度，认为上大学是一种趋势和潮流。从这一数据中了解到，当代大学生价值观已经向个体本位方向转变。二是大学生价值目标更加现实。在当今社会，从现实生活中谋取最大化价值成为一些人做人做事的首要考量方向，如谈恋爱时优先考虑经济条件，找工作时先看当下工资水平是否符合预期，等等。从这些选择可以看出人们的价值目标呈现现实化和功利化特征。大学生尚没有完全进入社会，应以学业为重，但是部分大学生在很多方面也表现出现实化和功利化，如选择专业时优先考虑就业率和就业收入，参加考试时将获得奖学金作为目标，参加实践活动时抱着加分、获得荣誉的心态。当代部分大学生价值观的转变与时代发展有着密切关系，同时高校教育不到位也是重要原因，表现为大学生思想政治教育的政治导向功能发挥不到位。

其次是理想信念。理想信念是一种精神现象，对人的内心世界产生引导作用，进而影响人的价值取向和思想行为。理想信念在价值观、思想品德等方面发挥着作用，如爱国情怀在理想信念加持下更为浓烈，让人们更加愿意为国家建设贡献自身力量。当前我国大学生理想信念教育取得了一定成绩，但也存在一些问题。当代大学生思维活跃，对新生事物有着更强的接受能力，他们对社会热点也十分关注，但是在关注过程中存在理想信念不坚定的现象。大部分大学生对共产主义远大理想和马克思主义坚定信念保持高度认同态度，并在这一基础上形成了高尚的道德情操和正确的价值意识。但有一部分大学生对此产生疑虑和偏差，主要表现在以下几方面：一是部分大学生没有充分理解和认识中国特色社会主义。通过调查问卷了解到，一部分大学生在回答"中国特色社会主义实现途径、行动指南、根本保障是什么"时不能给出准确答案，这说明该部分大学生对中国特色社会主义理论体系的认知程度有待提高。二是部分大学生对中国特色社会主义理想信念不够坚定。通过调查问卷了解到，一部分学生在回答"假如理想与现实冲突，你会怎么选择"时，给出了"视现实情况而定"的答案。这说明该部分学生对理想信念不够坚定，容易动摇。三是部分大学生过分追求物质利益。通过调查问卷了解到，一部分大学生在回答"你选择工作单位时考虑因素是什么"时将"待遇""稳定性""社会地位"等作为选择对象，而很少选择"兴趣""社会意义"等。这说明该部分大学生在选择工作时将个人利益放在重要位置，表现出明显的务实性和功利性，而很少考虑"社会意义"。这部分学生在谈起理想信念时可能头头是道，但在实际情境中就将理想信念抛到脑后，归根结底还是理想信念不够坚定。

最后是责任感。责任感是指人们在参与某项事务时表现出的负责任态度，责任感越强的人越有担当，越能承担起责任和义务，这样的人也更加成熟。心理健康教育包括自我意识培养等内容，主要是引导学生认知自身社会属性，在社会层面感受自身责任感。除了社会责任感外，爱情责任感、生命责任感等也是重要内容。但是从调查中发现，大学生责任感现实表现不佳。例如，在回答"你认为一个大学生不应或无法承担哪些责任"时，74%的学生选择"社会责任"，20%的学生选择"班级责任"，6%的学生选择"家长责任"，这说明大学生的社会责任意识十分薄弱；在回答"如果你看到有人在公共场所乱贴乱画，你会怎么做"时，55%的学生选择"心里不舒服，但不会去干预"，18%的学生选择"立马制止或通知管理人员"，这说明有大部分学生对自身社会责任不够重视，不能积极维护公共利益。

（三）部分大学生道德人格不够健全，道德规范功能实践不够全面

当今社会正处于高速发展与深化改革阶段，思想层面呈现出多元态势。对于思想不够成熟的大学生来说，他们容易深受影响，进而导致心理层面出现问题，心理状况不容乐观。例如，有的学生出现人格扭曲现象，做人做事违背道德规范，甚至触犯法律。在调查中发现，很多大学生的心理问题已经到了必须扭转和改变的地步。有的大学生游离于人际交往之外，变得独来独往、性格孤僻；有的大学生难以承受心理压力，容易出现情绪紧张现象，甚至发展为神经衰弱。这些心理

问题如果得不到及时解决，会进一步影响大学生的道德行为，如出现不遵纪守法、违反学校规章制度等行为，出现以自我为中心、不尊重同学、不诚实守信等现象。针对这些问题和现象，提高大学生心理素质迫在眉睫，并且在这一过程中要引导大学生形成健全道德人格。但是，很多高校在这些方面做得不到位，造成大学生道德滑坡行为时有出现。

道德教育作为思想政治教育的重点，应在心理教育支持下，通过塑造大学生健全人格来保证获得良好效果，但实际情况的不尽如人意表现出心理教育在思想政治教育中的功能没有得到充分发挥。

（四）部分高校工作理念僵化滞后，社会性功能有待优化

大学生心理健康教育要遵循大学生身心发展特点，充分了解大学生的内在诉求，而后采取更具针对性的教育策略。从内容上分析，大学生心理健康教育主要包括大学生心理健康培养和大学生心理问题预防两个方面，无论哪个方面都要坚持"以人为本"原则，将大学生自身特征和大学生成长规律作为重要参考对象，进而引入贴合大学生实际的教育内容和采取有针对性的教育策略，如此才能确保大学生拥有健康的心理，为其更好成长成才打下基础。在以人为本的原则下，教育者和受教育者应建立平等关系，做到相互尊重、相互理解。

在传统教育思想中，教育者和受教育者存在等级差异，传统教育中教师处于中心地位，学生往往处于被动接受地位。现代教育大力倡导教育者和受教育者的平等关系，并且将"以学生为中心"作为指导思想，但在实际情况中传统教育思想依然具有一定的影响，如部分教育者在教学过程中，仍旧采取机械灌输方式，而没有充分结合学生身心发展规律，造成教育效果难以令人满意。具体到思想政治教育中，很多教育者将理论教育法和谈话法作为主导方式。这些方式具有一定优点，如能够将某项知识内容完整地阐释给学生，教师能与学生面对面交流，有利于借助情感力量帮助学生获得更深理解等，可是学生处于被动地位这一情况仍旧是现实，其身心发展特点和规律难以得到重点关注。"以学生为中心"的工作理念还需要进一步深化，推动教育者和受教育者之间的关系向平等互动方向发展，这样才能推动思想政治教育工作的文化育人功能、生态理念功能等得到切实发挥。

第二节　大学生心理健康教育在思想政治教育中功能发挥的原则、模式与步骤

一、大学生心理健康教育在思想政治教育中功能发挥的实践原则

（一）以人为本原则

在大学生心理健康教育中，"以人为本"应成为重要指导思想，推动教育者将大学生放在中心位置，但这并不意味着教育者要走向客体地位，而是仍然发挥主体作用。心理健康教育工作者要在多项工作中发挥主导性，如规划心理教育课程，引入适宜的教育内容，让大学生愿意接受和学习，进而起到提升其心理素质和塑造健全人格的作用。教育者要发挥主观能动性，不断开展心理健康教育研究，为提升大学生心理健康教育水平做出贡献。教育者尊重大学生主体地位也是遵循"以人为本"原则的重要行为。大学生具有教育客体和主体双重身份，客体身份指的是大学生处于受教育者地位，主体身份指的是大学生是教育需求者、实践者和受益者。教育者要引导大学生学会自我探索和自我认知，让他们从自我视角进行自我剖析。这一过程中大学生的主观能动性可以得到充分调动，除了可以更好地自我剖析外，还能够更深入地理解教育目标、教育内容和教育方法。教育者和受教育者的主体作用应实现良好结合，既要确保两个主体性的充分发挥，也要形成相互促进和相互转化关系。

（二）主导性与多样性相结合原则

以人为本原则以推动教育者和受教育者更具主体作用为目标，二者的主体作用要在马克思主义的统一领导下，因此无论是大学生心理健康教育还是思想政治教育，都要将马克思主义作为指导思想。这意味着思想政治教育发挥着主渠道作用，心理健康教育要从旁助力，通过多种功能为提升大学生思想政治素质作贡献。在这一过程中，思想政治教育方式方法更加丰富多样。思想政治教育主渠道地位表现在三个方面：一是主导其他社会工作，二是主导其他教育功能，三是马克思

主义对思想政治教育各个层次的主导。大学生思想政治教育要与心理健康教育有机结合，充分发挥心理健康教育的功能，推动思想政治教育目标的实现。心理健康教育处于辅助地位，其对思想政治教育的影响是多方面的，但不能完全决定，而是将决策权留给思想政治教育，也就是留给马克思主义认识论、方法论和价值体系。思想政治教育有着显著的政治导向与道德导向，目的是夯实大学生政治立场、树立政治价值观和达到更高的道德水平。在实现这些目标时，文学艺术教育和科学技术教育是重要方式，但这两种方式主要围绕知识内容进行规划。而心理健康教育深入心灵层面，并与文学艺术教育和科学技术教育有机结合，使教育方式更加丰富，也更能直抵人心。

（三）全面性和重点关注相结合原则

大学生心理健康教育具有两个目标，一个是培养大学生良好的心理素质，另一个是预防心理问题。前者面对的是全体大学生，目的是引导他们健康成长，使之获得自由而全面发展；后者面对的是存在心理问题和障碍的学生，目的是引导他们摆脱不良心理困扰，使之回归正常学习和生活行列。我国大学生心理健康教育工作经历了三个过程，一是等待学生来咨询，二是以心理教育为主、咨询治疗为辅，三是发展性咨询与障碍性咨询并重。根据这一发展过程可知，心理健康教育逐步从被动向主动转型，并且对有心理问题的学生的关注程度越来越高。全面性和重点关注相结合原则要求心理健康教育既要注重全体大学生的心理发展，也要对部分大学生心理问题进行积极干预和治疗，这两方面相结合可形成良性心理健康教育体系。

（四）发展性原则

大学生全面发展是高等教育的重要目标，要想实现这一目标，思想政治教育和心理健康教育必须做好做精，促使每个学生都能保持良好的身心状态和思想政治素质水平。大学生全面发展可从以下几方面阐释：一是内容结构，具体包括思想政治品德、智力、身体、美感、劳动技能、心理健康等；二是智能结构，包括语言表达、逻辑关系、人际交往、自我认知、环境适应等；三是心理结构，包括认知、情绪、情感、意志、行为、个性心理等。发展性原则要求大学生心理健康教育关注以上各项内容，充分发挥相应功能，为大学生的全面发展提供支持。

（五）协同性原则

协同性原则主要从两个方面提出要求：一方面是协同发展，追求两个或两个以上不同资源或者个体通过相互协作达成某一目标，进而实现共赢。该要求下，"和谐"为核心，具体到大学生心理健康教育中，以大学生和谐发展为目标。另一方面是协同工作。大学生思想政治教育工作和心理健康教育工作应协同起来，通过联合发力为促进大学生健康成长和良好发展作贡献。协同工作还要求高校、社会、家庭等进行联合，形成更强合力。

一是大学生心理健康教育与日常思想政治教育协同形成合力。在高校中，大学生心理健康教育与大学生日常思想政治教育由专门部门进行管理和开展，确保二者配备工作队伍，并且有着系统的教育目标、教育理论、教育内容和教育方法。二者在这些方面既有联系也有差异，不能简单地等同起来，也不能完全对立，正确方法是将二者协同结合，在各自发挥优势的同时也能互为作用。心理健康教育能够帮助大学生更深入地认识自我，并掌握情绪控制的方式与方法，这有利于提升大学生的心理素质，为思想政治教育的良好开展创造条件。思想政治教育以引导大学生树立正确价值观和培养高尚道德情操为重要目标，这样能够优化大学生精神状态，进而为心理健康教育提供精神动力和智力支持。

二是大学生心理健康教育与高校教育管理协同形成合力。教育管理是思想政治教育工作中的重要组成，具有了解和掌控学生思想动态的功能，进而帮助思想政治教育工作者和心理健康教育工作者采取有针对性的应对策略。高校中很多大学生因为经济困难、学习困难等引发心理问题，这些问题往往有着较长的"潜伏"周期，等到发现后可能问题已经发展到严重程度。做好教育管理可以及时了解学生的实际困难，进而采取预防措施，降低出现心理问题的概率。心理健康教育能够为学生释放负面情绪提供渠道，在一定程度上稳定心态，减少违规违纪行为，进而为高校教育管理带来利处。

三是大学生心理健康教育与全员育人形成合力。高校内所有教职工都应在思想政治教育中发挥自身力量，既做好本职工作保障高校正常运转，也能在潜移默化中调研大学生思想政治状态，为后续有针对性引导作贡献。大学生心理健康教育也要走全员育人道路，与教学育人、科研育人、管理育人等协同起来，使心理健康教育贯穿高校各个角落，充分发挥心理健康教育的力量和作用。

二、大学生心理健康教育在思想政治教育中功能发挥的模式借鉴

（一）大学生心理健康社团工作模式借鉴

大学生社团是一种由大学生自发组成的团体，内部成员在兴趣、信念、观点上相近或相同。大学生社团在高校中发挥着第二课堂的作用，充当着重要的教育阵地，为大学生拓宽教育视野、参与实践活动提供支持。从活动形式上划分，大学生社团包括理论类社团和实践类社团两大类；从活动内容上划分，大学生社团包括理论学习型、学术研究型、兴趣爱好型、社会公益型等。需要注意的是，大学生社团在性质上往往不会单一，一般有两个或两个以上的类型。

1. 大学生心理健康社团的主要内容和活动形式

大学生心理健康社团是为了促进大学生身心健康成长而成立的学生组织，该组织着力开展与大学生心理健康教育相关的一系列活动。从类型上分析，该组织既属于理论学习型社团，又属于兴趣爱好型社团。心理健康社团活动内容包括三个方面：一是进行内部建设，如机构设置、成员培训等；二是开展实践活动，如心理咨询活动、心理影片欣赏活动、文学创作活动、心理知识宣传活动、心理辅导活动、心理讲座等；三是开展社团日常活动，该活动保持常态化，持续为学生提供服务，如心理热线、心理健康知识宣传等。

2. 大学生心理健康社团的思想政治教育功能

一是发挥受教育者主体作用，为拉近师生关系做出贡献。大学生心理健康社团是学生自发组织形成的，在学生群体中表现出浓厚的自愿性色彩，可以让学生在社团中处于主体地位。相较于其他形式的心理健康教育工作，大学生心理健康社团能够让学生展现出更强的积极性、主动性和创造性。学生自发形成的组织通过自治管理来维持运转，而学生管理能力有限，需要专业教师前往指导和参与管理，这样该社团就可成为教师和学生建立联系的重要桥梁。因此，大学生心理健康社团就成了学校心理健康教育的一种重要形式。

二是举办内容丰富、形式多样的实践活动，为大学生成长与成才提供舞台。大学生心理健康社团举办实践活动的整个过程均具有价值。例如，制订方案和研究组织制度可以锻炼大学生的管理和组织能力；实践活动在具体实施过程中可以锻炼大学生的沟通和交流能力；实践活动形式和内容的规划设计可以向大学生提供展示才华的平台，在潜移默化中锻炼他们的创新能力。大学生参与实践活动，可以理解更多的心理知识，逐步增强自身心理健康水平，而这样的"气质"又会对其他学生产生熏染作用。学生社团的人员随着学生毕业和新生加入而不断变化，心理健康社团也是如此，这能为大学生成长成才提供舞台，让他们得到锻炼的同时，也对他人产生影响。

三是举办专业性项目化社团活动，为校园文化建设作贡献。大学生心理健康社团可以借助各种媒体广泛宣传心理健康知识，也可举办表演心理剧、心理励志演讲等活动，为大学生提升心理素质提供途径。这些活动能够为校园文化建设作贡献，吸引更多师生参与，让他们成为校园文化建设的有生力量。

（二）大学生心理咨询模式借鉴

心理咨询是心理辅导的重要方式，除了帮助大学生分析心理问题外，还要发掘学生的心理潜力，让他们具备维持良好心态的能力，进而追求更好的发展前景。心理咨询具有重要的环境价值，当学生处于其中时，个人需要和意愿能够被充分激发出来，进而为目标的实现打下基础。心理咨询师是从事心理咨询工作的专业人员，负责给咨询者提供帮助，包括劝告、教导等。国内外学界在心理咨询研究方面获得了多项成果，而在具体应用时，需要结合我国心理教育实际情况灵活选择，以确保心理咨询发挥其应有作用和效能。心理学是重要的理论指导，相关咨询方法是在该理论指导下进行开发的。下面重点介绍个体心理咨询、团体心理咨询和网络心理咨询三种模式。

1. 个体心理咨询

大学生个体心理咨询包括五个环节。第一个环节是拉近关系，让大学生信任心理咨询师。通常咨询师采用情境设计、信息共享等方式让大学生产生共情，而后敞开心扉将自身内在想法充分表述出来，为咨询师分析问题和剖析原因提供依据。第二个环节是了解各种信息。咨询师向大学生提出多个问题了解其信息，首先是大学生个人基本信息，其次是大学生家庭状况和社会经验，最后是心理问题历史。第三个环节是剖析心理问题，确定咨询方向与目标。咨询师运用自身专业能力对大学生表述出的心理问题做出类型划分，并对已达到程度进行确定，再找出背后原因。第四个环节是制订问题解决方案。通常来说，一种心理问题有多种方案，而究竟选择哪种方案需要咨询师征求大学生意见后再通过进一步分析研究作决策。第五个环节是成效评价和反馈。咨询师对咨询效果进行动态追踪，当发现新的问题时有针对性地调整。个体心理咨询能够帮助大学生应对学习生活中出现的各类心理问题，咨询师依托专业理论和专业技法对他们进行相应引导，让他们逐步具备正确的人生观、价值观、恋爱观、择业观等。当大学生在思想意识层面有所转化和改变后，可以为规范道德行为打下基础。

大学生接受心理咨询是一个与自身对话的过程，有利于更深入地认识自我，了解自己究竟需要什么、渴望什么、爱好什么，进而更有针对性地规划学习生涯，并在择业就业中选择正确方向和目标。除了解决相关实际问题外，大学生还能依托心理咨询学会营造良好人际关系和深挖自身潜能，为全面提升素质打下基础。大学生个体心理咨询也具有危机预防功能，因而能够帮助大学生缓解内心压力，逐步调整内在自我期望，能够接受自身优缺点，以平常心态控制学习和生活节奏，能够降低产生心理疾病的概率。

在咨询方法上，大学生个体心理咨询通常采用会谈法、个案法、测验法等。会谈法是咨询师与大学生面对面就座，然后进行谈话。具体来说，会谈方式包括结构式和自由式两种。其中，结构式会谈指的是咨询师提前准备好谈话内容，谈话过程严格按照既定内容进行，该方式具有准备充分、周全考虑等优点，但显得机械呆板，不利于调动交谈双方的主动性；自由式会谈指的是交谈双方进行自由交流，没有固定内容和过程，该方法能够营造轻松舒适的环境，可更好地调动大学生的内在情感，但也会因为没有提纲指导，容易出现跑题现象。个案法是咨询师收集大学生个人相关资料并进行分析研究，然后确定心理问题的解决方法。该方法的核心在于收集资料，资料收集越全面，咨询效果越好。在收集资料的过程中，大学生可以亲自提供，咨询师也会通过大学生的周边关系收集资料。测验法是咨询师依托相关心理评价工具对大学生心理状况进行测定，目前常用的行业测量表有龚耀先主持修订的韦氏成人智力量表、宋维真主持修订的明尼苏达多相人格调查表、A 型行为类型问卷、临床症状自评量表、陈仲庚修订的艾森克人格问卷等。无论采用哪种方式，咨询师都要做好倾听，对大学生的表述过程表现出足够耐心，同时在谈话时要讲究语言艺术，尽量做到引导和疏导，减少与大学生针锋相对，但特殊情况下也要灵活调整。

2. 团体心理咨询

大学生团体心理咨询指的是在团体心理环境下接受心理帮助和指导的一种心理辅导形式。在这种形式下，大学生与团体成员进行互动，而这一过程能够帮助大学生提升人际交往能力，并在人际交往中更深入地认识自我，进而纠正学习态度和调整行为方式，起到预防心理问题和激发个体潜能的作用。大学生团体心理咨询主要包括六个阶段：第一阶段是准备阶段，该阶段要进行各项准备工作，包括确定团体目标、拟订团体辅导计划、构建团队等。第二阶段是咨询初级阶段，该阶段的重点工作是让团队成员建立联系，并逐步建立基本信任，为营造良好的团队氛围打下基础。第三阶段是建立关系阶段，该阶段的主要方式包括鼓励和挑战。鼓励方式以鼓励团队成员在面对心理冲突和消极情绪时勇敢面对和解决为目标，个体层面更加勇敢，团队层面可形成良好关系。挑战方式中有专项设计挑战环节，让团体成员感受到困难和挫折，在潜移默化中激发他们应对挑战的潜能。第四阶段是实施阶段，该阶段的主要目标是帮助团队成员进一步认识自我，通过营造团体氛围干预个体态度，让团队成员具有更强的改变动力，实现自我素质和能力的提升。第五阶段是总结阶段，该阶段对团队成员学到的内容进行归纳总结。第六阶段是效果评估阶段，该阶段先是收集团体心理咨询整个过程相关资料，而后做出评价，评价工作不会止步于此，团队成员后续表现还会被追踪了解，并且团队成员也能主动反馈信息。

大学生团体心理咨询在功能上与大学生个体心理咨询大致相同，只是团体心理咨询中教育、发展、预防、治疗等功能之间具有更深入的联系，能够联合起来发挥更大的作用。大学生团体心理咨询发展性功能体现在团体成员在团队氛围中表现出共享及主动参与的积极性，并且主动认识自我，了解自身兴趣和目标。开展的团体项目多是一些行为实验或团体游戏，参与人员之间不存在明显冲突，他们参与其中表现出更强的认识自我、发展自我、完善自我的诉求。大学生团体心理咨询预防功能体现在心理调适方面，当大学生处于团队氛围中时，更有勇气来面对和解决心理问题与各种烦恼，有利于缓解心理压力，使这一过程演化为增强心理素质契机，进而预防心理疾病。大学生团体心理咨询治疗功能体现为团体给予支持和关心，团体成为大学生宣泄情感的渠道等，帮助大学生重新获得健康心理状态。

3. 网络心理咨询

网络心理咨询是一种依托计算机网络形成的咨询方法。对于大学生来说，咨询师是虚拟的，虽然也能听声见形，但咨询过程是在线上进行的，没有面对面交流互动环节。网络咨询功能与上述两种形式基本一致，不同的是网络咨询方式以网络为载体，咨询过程必然表现出网络相关特征。大学生网络咨询具有不受时空限制的优点，能够随时随地开展，并且咨询过程记录在网络中，可以为后续评价和反馈工作提供有力支撑。匿名性是网络的主要特点。心理咨询师通过网络与大学生建立联系时，大学生不会像面对面咨询那样感受到较大压力，这有利于他们更充分地表述自我，以及更快地与咨询师建立信任关系。匿名性还能起到排解大学生焦虑情绪的作用，让他们在表达内心想法时更自由、更顺畅。但是由于心理咨询师和大学生不能面对面谈话，大学生提供的信息的真实性难以得到保障，会导致心理咨询师获得不真实信息，使诊断过程失去价值。便捷性也是网络的一大特征。心理咨询师和大学生的交流互动不受时空限制，可以随时随地进行。这样能够节省各自的时间，也能节约相关费用，并且计算机记录功能可全面保存咨询信息，能够为后续督导和再研究提供资料。自主性是对网络咨询形态的描述，意味着在网络空间内心理咨询师身份可以灵活转化，如大学生从心理咨询中获得成长后也能以咨询师身份为他人提供帮助。但是在现实情况中，因为监督管理不到位造成网络心理咨询乱象，对该咨询模式的市场认可程度产生不良影响。

大学生网络心理咨询是以网络为载体予以开展的，开展方式包括电子邮件与留言本、非视频及时交流、视频及时交谈和在线心理测验。电子邮件和留言本在当前网络心理咨询中十分常用，大学生可通过邮件或留言形式将个人困扰发送给心理咨询师，而后等待心理咨询师回复。这种方式方便快捷，但有的时候心理咨询师不能及时回复会对咨询效果产生不良影响。非视频及时交流不会用到视频，主要是以文字和语音为载体进行交流，交流模式既有一对一模式，也有一对多模式，前者服务于网络个体咨询，后者服务于网络团体咨询。视频性及时交谈是以视频聊天形式得以实现和开展的。该方式可以增加网络交谈的真实性和责任感，促进咨询双方真实有效地交流互动。在线心理测验主要采用在线答题形式进行心理测验，而后基于作答结果做出评价。

（三）大学生心理危机干预模式借鉴

心理危机是一种心理状态，表现为个体在某种情境中感受到威胁的心理表现。如人们遭遇严重灾难或重大事件时，心理和精神层面会产生巨大压力，如果自身能力难以应对这些压力就会产生心理失衡状态，进而引发心理危机。危机干预以应对危机为目标。心理危机干预可以帮助人们恢复心理平衡状态。由此可见，危机干预是在人们陷入危机状态后给予他们相应帮助，让他们解除危机状态重新回到正常状态的过程。危机干预具有短期性，主要目标是快速解决危机，但往往不能从根本上解决问题。

1. 大学生心理危机干预预警机制

大学生心理危机干预预警机制是做好心理危机干预的重要前提。预警机制以发现心理危机隐患为目标。在实际情况中，该机制的良好运行离不开多方面力量提供支持，如家庭、社会等提供的助力。心理危机干预预警机制建立后，能够引导大学生认识心理危机，并逐步学会理性应对心理危机，主要包括以下过程。

一是建立心理档案。心理档案是对心理表现相关测定和评价结果的记录统计，用于呈现个体心理健康状况，也能发挥监控和反馈作用。大学生心理档案主要包括两类内容：一类为大学生基本资料，如大学生基本情况、能力状况、教育建议等；另一类为大学生心理性格资料，如大学生人格特征分析、心理健康状况、职业能力倾向等。大学生心理档案在内容上十分复杂，包括现实表现、理论分析、对策指导等，因此建立大学生心理档案是一项复杂工作。建立科学的大学生心理档案必须坚持以下原则：首先是实事求是原则，记录内容不能弄虚作假，必须实事求是；其次是系统性原则，记录内容要条理化，确保内容形成体系，可以互为支撑和验证；再次是保密性原则，档案内容记录大学生个人隐私，必须严格保密，不能随意向他人泄露；最后是发展性原则，大学生心理状态呈动态发展，心理档案也要随之进行革新，不能停滞，否则会影响档案的应用价值。

二是确定预警指标。大学生心理危机干预预警指标包括重点对象、指标体系、信息评估、危机处理等方面，当这些指标确定后，可以为后续量化考核和综合分析提供支持，进而有效评估危机程度，为是否开展危机干预提供依据。大学生心理危机干预预警对象主要包括心理行为产生异常的学生、患有心理疾病的学生、有自杀史的学生、情绪焦虑的学生等。从预警指标层面分析，预警对象的表现要划分为更精细的小指标，如心理状态指标、社会环境指标、人际交往指标等。在对指标内容进行分析时，环境分析要放在第一位，之后是预警信息分析，重点放在确定信息真实性层面，当信息的真实性得到确定后，关于预警对象的分析工作才可正式开启。

三是形成监控网络。大学生心理危机干预工作是一项系统工程，需要构建三级网络监控体系，具体为学校、学院、班级网络。学校要安排相关部门负责监控工作，包括校医院、教务处、宿舍管理中心、保卫处等部门；学院安排学院领导组建监控班子，辅导员、班主任等是重要成员；班级安排辅导员、班委、宿舍成员等参与监控工作。在每一级别中，最影响监控效果的是一线监控人员，他们需要具备良好的专业素养，对危机事件表现出足够的敏感度。

四是预警主动干预。预警机制报警之后，要重点对待预警对象，必须及时采取干预措施，否则会导致危机爆发。有自杀倾向的学生，往往经过心理层面的长期累积，逐步从最初的自杀念头演化为具体的自杀行为，因此在采取自杀行为前会有相应的征兆。预警机制监控到相关信息后，要立即启动干预工作，对有自杀倾向的大学生进行引导，让他们从心理层面断绝自杀的想法。

2. 大学生心理危机干预的原则

大学生心理危机干预是一个发现高危对象而后干预危机的过程，这一工作往往要建立在危机干预预警基础上。做好大学生心理危机干预工作，可减少直接应对危急状态的情况。因此，大学生心理危机干预要遵循以下原则：一是立足教育、预防为主原则。开展心理健康教育相关活动成为常态化工作，目的是对大学生心理问题进行预防，减少重大心理问题的出现。二是面向全体、重点干预原则。大学生心理危机干预机制重点应对高危学生，降低他们出现危险行为的概率，在重点干预的同时，该机制还要面向全体大学生做好加强工作，如开展丰富多样的心理健康教育活动。三是加强沟通、分工负责原则。大学生心理危机干预是一项系统工程，需要学校多个部门共同合作来完成，要想取得良好的合作效果，部门之间必须加强沟通，并且要有明确分工。当出现危机事件时，各部门能够各司其职、紧密合作，为更好地处理危机作贡献。

3. 大学生心理危机干预过程

大学生心理危机干预是对心理层面出现问题的学生给予关怀和支持，让他们逐步恢复心理平衡，重新回到正常心理状态。具体干预过程包括以下步骤：一是确定问题。出现问题要以发现问题为基础，而要想更好地发现问题，重要的是积极倾听求助者心声。除了语言信号外，非语言信号也要高度关注。二是保障求助者人身安全。求助者表现出求助诉求时，要对危机程度进行科学评价，然后采取针对性更强的应对措施，确保求助者人身安全是最低要求。三是提供具体支持。求助者处于无助状态时，亟须从外部获得支持，此时干预者要积极提供具体支持，如语言安慰、肢体接触等，让他们感受到关心和关爱。四是做出计划，获得承诺。要基于求助者的具体情况确定干预目标和干预计划，而后分析目标和计划的可行性，并提供足够的实现条件，促进目标和计划正常实施。

4. 心理危机干预的思想政治教育功能

心理危机干预的思想政治教育功能主要表现在个体生存功能保障方面。生命只有一次，失去不可重来。很多大学生伤害案件中，伤害他人者或自杀者如果能够及时得到心理危机干预，则可以降低伤害概率，保住一条条鲜活的生命。这对高校心理危机干预提出了更高要求，监控、预警和干预工作要进一步精益求精，以更好地掌握学生的心理状态，及时采取引导举措，在心理问题萌芽期便予以消除。

三、心理健康教育在大学生思想政治教育中功能发挥的实践步骤

（一）实践前的准备

1. 大学生成长档案的建立及应用

高校思想政治教育要重视大学生思想和心理问题评估工作，要做好这项工作，建立大学生成长档案是重要途径。大学生成长档案包括大学生学习生活及相关实践活动中形成的各类有价值的信息，而当这些信息得到系统处理后，可以成为教育者了解学生基本情况和发展特征的重要依据，有利于采取有针对性的教育措施开展思想政治教育工作，为大学生健康成长和全面发展创造良好条件。大学生也能依托成长档案更全面和深入地了解自身，对自身行为中的优点继续保持，对缺点及时纠正和改进，这有利于调动大学生的自我能动性，使其获得更强的发展活力。家庭和学校可以以成长档案为纽带建立联动关系，这有利于形成更强的家校合力。大学生成长档案具有多种重要性，确保档案的高质量构建是重要前提，以下原则应严格遵从：一是客观性原则。建立成长档案要实事求是、客观公正，不能夹杂组织者和教育者的主观态度，否则会影响成长档案的客观性。另外，考评工作要具有全面性，充分收集各个维度信息，为做出科学决策打下基础。二是适用性原则。大学生规模不断壮大，档案信息总量也在空前增长，如果仍旧采用传统方式进行建档和应用，会对工作效率产生不良影响。积极采用先进技术是极为必要的，有利于减少工作量，也能提升成长档案的利用效果。三是保密性原则。大学生成长档案是对学生各类信息的记录，做好保密工作能够避免信息泄露，这既是尊重学生的一种表现，也能够让学生产生信任感，进而积极提供真实信息。四是发展性原则。任何事物都处于发展中，学生成长档案并非一成不变，而应随着学生的成长发展而得到革新。

大学生成长档案内容丰富多样，总体来说可以分为结构化数据、半结构化数据和非结构化数据三大类。结构化数据指的是使用关系型数据库表示和存储的数

据，该类数据不需要进一步加工处理，也不需要进行测评，如学生基本信息（如档案号、年级、班级、专业、姓名、性别、出生日期、健康状况、个人联系方式、家庭住址、家庭联系方式等）、学生学业信息（如学习成绩单、专业证书、专业技能、相关获奖情况等）、学生能力信息（如班干部情况、组织活动情况、获得荣誉情况等）等。半结构化数据指的是不符合关系型数据库标准的数据类型，但也有显著标记，可以采用语言描述方式进行呈现和表达，如学生思想品德表现、人际关系情况、家庭经济状况等属于这类数据。非结构化数据指的是没有固定结构的数据，如文字、图片、视频、音频等。并不是所有学生都拥有这类数据，通常是优秀学生和问题学生会产生此类数据。

　　在心理健康教育工作开展过程中，主要形式是小班教学模式，在涉及成长档案管理时，主要采用 Excel 表格和数据库形式进行管理。面对大学生数量不断增多的现实状况，大学生成长档案管理工作面临更大挑战，此时需要运用软件进行数据管理。软件开发是重要工作，开发过程中要保证软件程序全面到位和环环相扣，如信息输入和查询、问卷设计和汇总、结果评价和统计等要在拥有独立区间的同时，确保获得融合渠道。另外，软件应用面临着不同身份的教育者的共同使用情况，因此设置好权限十分重要。

2. 学校思想政治教育辅导室的建设

　　学校思想政治教育辅导室是开展思想政治教育的重要机构，该机构主要是对存在心理问题的学生进行针对性辅导。高校在建设该类机构时，要充分考虑师资力量、学生人数、硬件条件等因素，确保思想政治教育辅导室能够满足现实需求。学校思想政治教育辅导室包括以下类型：一是接待室。接待室的主要工作是登记来访者信息，包括来访者获得辅导信息和来访者回访信息。该类机构对设施设备要求较低，场地面积也不需要太大，但在设计时要做到科学合理，确保接待室正常工作。二是座谈辅导室。座谈辅导室是辅导者和来访者面对面座谈的场所，该机构应营造良好的座谈氛围，如确保环境安静、祥和，使处于其中的人放松精神，可以舒适地开启座谈，因此在设计时要注重地点选择，尽量远离喧闹地区。内部设计以简约为主，不需要添置复杂设施，但要做好细节，如座位摆放避免机械僵化，尽可能营造平等、亲切的氛围，另外室内要整洁大方，保证光线充足。在设备上要有录音设备，目的是对座谈过程进行记录。三是档案室。档案室主要存放各种档案，包括信息档案、座谈档案、活动记录等。进入档案室要进行权限管理，避免档案信息泄露。档案室可以设置电子档案和纸质档案两个区域，方便不同需求的权限人进行查询。四是阅览室。阅览室的主要功能是方便人们阅览相关资料。阅览室面积要得到控制，基本容纳 10 人左右即可，这有利于降低管理难度，确保阅览室内安静有序，给阅览者营造良好的阅览环境。五是活动室。活动室与座谈辅导室是相互配合的关系，目的是延展工作内容，为获得更好的辅导效果提供支撑。建设活动室时要基于实际需求引入设备设施，如开展体验式辅导教育时要配备多媒体设备，并且安排可以活动的桌椅，让参与者可以自由变换位置。

3. 学校思想政治教育辅导者队伍建设

学校思想政治教育辅导者队伍建设是推动辅导工作高效开展的重要基础，一般来说包括以下人员。

一是辅导员。辅导员在大学生管理工作中发挥着重要作用，每个环节都离不开辅导员，他们与大学生建立更为密切的关系，在思想政治教育工作中拥有重要地位，也是大学生心理健康教育的骨干力量。辅导员工作内容繁杂多样，需要投入很多精力处理细枝末节，这造成辅导员学习新知识和提升自我的时间不足。针对这一问题，高校应更加注重辅导员队伍建设工作，为他们安排专门时间进行理论学习和专业研究，使他们提升理论素养，并切实掌握大学生教育成长规律，进而在实践工作中采取科学合理的工作方式。

二是心理辅导工作者。大学生出现心理问题后，思想政治教育方面也会受到影响，要想做好思想政治教育工作，必须将解决大学生心理问题放在重要位置。心理辅导者要承担起这一责任。招聘合格的心理咨询师是重要策略，也可在学校内部筛选优秀的心理学教师，使之加入心理辅导工作队伍。专业人员拥有专业知识体系，并且在工作方法上更加科学合理。高校要积极培训心理辅导工作队伍，尤其要打造思想政治教育和心理健康教育双重身份工作者，这对心理健康教育在思想政治教育中发挥功能有着重要作用。

三是高校思想政治理论课教师。思想政治理论课教师是高校思想政治教育的重要队伍力量，他们承担着向学生传输党的理论、路线、方针和政策的任务，是引导大学生树立正确价值观和夯实理想信念的重要角色。另外，思想政治理论课教师还是开展教学科研工作的主体，因此高校要大力推动思想政治理论课教师队伍建设工作。坚定理想信念、增强马克思主义理论素养、提升思想政治教育责任感、优化教学艺术和教学能力等是队伍建设的重要目标，而要想实现这些目标，需要采取正确的培训培养方式，如引入科学合理的激励制度，鼓励教师群体积极参与，以更强的主观能动性促进自身不断提升和优化。

四是朋辈教育辅导队伍。朋辈教育是一种通过与大学生建立伙伴关系而开展教育的教育方式。伙伴关系是平等的，有利于教育者和学生平等地交流和互动，让教育者对学生的思想状况、心理诉求等有充分的了解和认知，并给予他们更有效的鼓励和帮助。学生能够从中感受到更多关爱，有利于维持良好的心理状态，为激发潜力和展现自身优势提供有力支撑。朋辈教育辅导队伍能够充实思想政治教育辅导队伍，他们的思想品质和心理素质均处于较高水平，思想行为也具有示范价值，而且对引导学生、关爱学生有较大热情。打造朋辈教育辅导队伍可以与优秀者评选工作相结合，如国家奖学金获得者、"十佳自强之星"选拔者等可以成为重要选拔范围。朋辈教育辅导队伍能够以身示范，成为其他学生的榜样，也能够参与到团体活动的组织和举办中，为开展高质量团队活动提供助力。总而言之，朋辈教育辅导队伍与大学生更为贴近，采取的教育方式更加平等、自然，有利于获得良好的教育效果。

（二）实践条件的完善

1. 辅导者的选择

大学生在日常生活与学习中主要遇到三类问题：一是思想政治教育问题，可分为思想类、道德类等；二是心理类问题，可分为一般心理问题、严重心理问题和高度心理异常；三是日常事务类问题，该类问题与思想政治教育和心理健康没有直接关系，主要是对学生学习、生活产生影响。辅导者要具备问题鉴别能力，对大学生出现的问题进行深入分析。一般来说，大学生出现问题往往是多类问题的叠加，这需要辅导者基于影响程度进行区分，找出主要问题和次要问题。问题鉴别清楚之后，要充分考虑辅导者个人意愿、擅长方向等内容，并基于此进行分组。大学生在接受辅导时应拥有选择权利，目的是选择符合自身要求的辅导者。但在实际情况中学生主动选择辅导者的情况并不多见，大多数心理有问题的学生不愿意承认自己有问题，自然不会主动接受辅导，也有些学生性格较内敛，不敢或不愿接受辅导，还有的学生由于认知不到位，不能正确看待自身存在的问题，也很少主动接受辅导。这就需要改变辅导工作模式，传统的"坐等上门"模式难以满足实际情况需要，必须转变为"主动出击"。对于辅导者队伍来说，他们要养成善于发现问题的习惯，不断审视和观察周围学生，一旦发现问题便"主动出击"予以解决。

2. 辅导手册的制定

辅导者要想顺利完成工作任务，需要具备合格的工作能力，而要想实现这一目标就需要对他们进行培训，让他们熟练掌握工作技能和方法，进而在具体工作中控制好节奏，并基于学生的不同情况调整工作策略。培训手册的内容包括问题学生信息分析、案例报告、辅导记录表等。其中，问题学生信息分析的主要内容是呈现问题学生的基本信息，并且围绕这些内容进行分析研究；案例报告是在信息分析的基础上撰写相关报告，包括确定辅导目标、制订可行性辅导方案、记录实施辅导过程、分析反馈问题等；辅导记录表是对辅导过程进行记录，可以呈现问题学生的变化情况，帮助辅导者及时了解和掌握相关信息。

（三）实践过程

1. 建立良好的辅导关系

建立良好的辅导关系有利于推动思想政治教育辅导顺利且高效地进行。良好的辅导关系意味着辅导者和被辅导者关系融洽，这能为辅导工作提供良好的环境，而环境本身就具有治疗效能，能在潜移默化中带给被辅导者良好感受。辅导者和被辅导者可以建立更密切的关系，相互信任。被辅导者可向辅导者倾诉烦恼，一方面让辅导者了解这些问题；另一方面能够宣泄和释放不良情绪，有利于缓解心理压力。当被辅导者能够敞开心扉"尽情表述"时，内心积压的苦恼和真实想法就能得到充分呈现，辅导者能够对被辅导者产生心理问题的原因进行深入了解，找到问题根源，而后采取针对性策略进行辅导，使辅导效果得到提升。要想建立良好的辅导关系，辅导者要做到尊重被辅导者，要表现出极大热情，给予被辅导者关爱与关心，并且真诚地为被辅导者考虑。被辅导者有优点也有缺点，在性格和人格方面具有自身特色，辅导者要积极接纳，不轻易评高论低。有学者提出"无条件尊重"观点，指的是辅导者对被辅导者表示无条件理解，这有利于强化被辅导者的自信和勇气，使其自我价值感得以提升。热情的态度有利于拉近双方距离，使被辅导者更愿意交流互动。热情的态度要表现适中，如询问、倾听等过程中要积极主动同时表现出认真态度，让被辅导者感觉到被关注。真诚指的是辅导者在辅导过程中展现真实的自我，让被辅导者知晓辅导者自身的性格特征，但真诚并不等同于实话实说，有些话是需要进行处理后表述出来的，避免对被辅导者造成不良刺激。辅导者还要站在被辅导者的立场考虑问题，将自己置于相应的情境中去理解和感受。

2. 甄别适用范围

思想政治教育辅导适用范围非常广泛，在思想、政治、道德等方面发挥着作用。在具体运用中要做到以下两点。

一是探查思想、政治、道德问题。被辅导者出现的某种问题往往有其原因，辅导者要深入分析，从思想、政治、道德方面进行探查，等到确定问题的原因后，才能开展后续思想政治教育辅导。如果不属于这些方面的问题，而是纯事务性原因，则不需要采取辅导措施。在探查过程中，探查程度要足够深入，有些问题表面上与思想、政治、道德没有太大关系，但实际上却有着潜在关联。例如，当大四学生不能很好地解决生活和学习中的常见问题时，不能只是归结于其能力不足，还要探究其思想层面是否出现问题。另外，在探究思想问题、政治问题和道德问题时要考虑三者是否存在交叉现象，避免应对举措太过片面和局限。

二是心理问题与思想问题的鉴别。思想问题与心理问题均属于意识范畴，对人的内心世界产生影响，因此二者的外在表现往往较为接近，并且二者相互影响，使问题更加复杂。这给思想政治教育辅导工作带来了巨大挑战。在此可结合司法实践中对罪与非罪的鉴别模式来归纳和鉴别思想问题和心理问题，具体从主体、客体、主观、客观方面入手进行分析。主体指的是评价对象，也就是问题学生；客体指的是社会责任，是对人们提出的相应要求和规范；主观指的是个体主观上做出违背社会责任的事情；客观指的是个体行为对社会、他人等造成的影响。思想问题和心理问题在主观方面的区别在于个体对社会要求是否故意违背。心理问题在主观方面表现为明知就是自身行为错误但是自己无法抑制和克制，导致内心矛盾冲突十分激烈；思想问题在主观方面表现为明知自身行为错误，并且有能力控制和克制，但仍旧产生实际动作，此时他们对实际动作有着清醒认知。思想问题和心理问题在客观方面的区别如下：出现心理问题会引发诸多不良反应，如睡眠差、饮食不规律、情绪低落等；出现思想问题通常会对周围学生产生不良影响，如传播社会不公平、人性自私等观点。在实际工作中，要想区分被辅导者是否能恰当地控制自身言行及是否存在主观故意性，则要重点观察被辅导者的外在反应，如有心理问题的学生在面对辅导者询问时，往往会主动承认错误并诉说当时的心理变化，而有思想问题的人面对同样的问题则倾向于寻找理由辩解。当然，实际生活中存在很多复杂现象。例如，有心理问题的学生不善表达，不能顺利地承认错误和诉说自己的心理变化；有思想问题的学生善于伪装，会主动承认错误以掩饰自身思想问题。面对实际情况，辅导者不能局限于当面询问，还要结合他们的日常表现及周边学生的反映等信息。

3. 确立辅导目标

在围绕大学生制定思想政治教育辅导目标时，要确保该目标与高校培养社会主义事业建设者和接班人目标一致，而后在这一大前提下进行具体目标细化。心理问题会成为思想政治教育问题的重要原因，在辅导有心理问题的学生时，既要从心理层面进行教育和引导，又要做好思想政治教育引导。因此，在确定辅导目标时要充分考量思想和心理两个方面。辅导目标要以具体可行、积极向上、接受程度高、可评估等为要求进行规划，要做到这几点，辅导者和被辅导者应同时参与其中研究辅导目标的确立。这一过程也能为心理健康教育和思想政治教育相结合提供助力。辅导目标要积极正面，价值取向要与社会主义核心价值观保持一致，这样可确保被辅导者的成长和发展始终以正确价值观为指导。

思想政治教育辅导目标要划分层次。被辅导者存在的问题可划分为不同程度，他们的需求和诉求也多种多样，这必然要求辅导目标划分层次，以满足不同情况的要求。从时间长短上进行划分，可分为近期目标、中期目标和远期目标。近期目标指的是短期内能够实现的目标，在实际情况中近期目标多是帮助被辅导者解决当前困境和问题；中期目标指的是需要较长时间实现的目标，如提升大学生思想道德素质、促进大学生全面发展等；远期目标指的是需要长期努力才能实现的目标，该目标与社会发展趋势相契合，也从更广向度提出要求，如引导大学生为实现共产主义而奋斗。

在具体实践中，很多被辅导者内心深处有很多顾忌，如不愿意暴露自己的信息、不愿意让他人看到自己有问题等。面对这些情况，辅导者要做的不是让被辅导者袒露心声、全盘表述，而是先从提出开放式问题入手，让他们自发思考自己存在问题的严重程度，而后逐步转变心态和态度，进而向辅导者提供关于自身的真实信息。辅导者可基于信息内容确立相应的辅导目标，并逐步实现从短期目标向中期目标甚至远期目标的过渡。

4. 实施教育过程

辅导者与被辅导者共同商议确立辅导目标，然后制订可行的辅导计划，指导实施辅导过程顺利推进，可以从个体辅导和团体辅导两个方面阐述实施教育过程。

大学生个体辅导主要包括五个阶段：第一阶段是建立信赖关系；第二阶段是获取相关信息，了解相关情况；第三阶段是基于信息做出判断，进而确定辅导目标；第四阶段是规划解决问题方案；第五阶段是检查监督实施过程，以确保成效符合预期。大学生个体辅导常用方法包括座谈法、案例法和活动法。座谈法是辅导者和被辅导者通过面对面交谈实现辅导目标的方法。辅导者提前设定目标并设计座谈提纲，而后基于实际情况对座谈内容、方式等进行灵活调整。在座谈过程中，辅导者可以向被辅导者提出相应问题，也可以围绕某项内容进行交流，而后对被辅导者做出的回答和交流过程中的表达倾向进行深入分析，从中发现问题，探讨原因，最后制订相应解决方案。案例法是辅导者基于相关案例引导被辅导者认识问题及了解问题的不良影响，让被辅导者从内在引起重视，进而积极配合辅导者开展工作。采用这种方法时，辅导者需要投入更多精力来收集资料，以最大限度地确保资料充足。活动法是辅导者设计某项活动让被辅导者参与其中，观察被辅导者的活动反应并分析问题，同时被辅导者也能在活动中得到锻炼，进而实现自我提升，为应对自身问题提供助力。大学生个体辅导切忌先入为主，应寻找被辅导者的错误认知，激发被辅导者的积极性。辅导者先入为主会影响对问题判断的效果，正确的做法是先让被辅导者充分表达，辅导者从旁了解。另外，辅导者还要调研被辅导者的相关信息，而后建立档案将各种信息记录下来。这样有利于辅导者真实客观地分析问题，规避经验主义、固定思维的影响，进而找到问题症结。寻找错误认知对解决问题有着重要作用。辅导者要给予被辅导者发挥的空间，如鼓励他们展现特长和独特才能，让他们在辅导过程中增强信心。辅导者从旁观察和倾听，当发现被辅导者存在不适宜的理念和行为时，则要对其予以引导。

团体辅导与个体辅导有着诸多差异，个体辅导以处理个体困惑和问题为目标，团体辅导则更加重视专项技能训练，解决问题只是其中的一个目标。因此，参与团体辅导的大学生并不都是有问题的学生，辅导过程需要满足不同学生的要求。一是确定辅导目标与主题。确定目标是前提，只有确定了目标，辅导主题才能得到针对性选择和规划设计。有的团体辅导以开发潜能和训练技能为目标，此时选择的辅导主题应符合学生的成长需求，并且要得到学生的认可，只有这样学生才能积极地参与团体辅导。如果团体辅导以解决学生问题为目标，那么在选择辅导内容和形式时应更加集中，这有利于增强目标凝聚力，为更高效地解决问题打下基础。二是选择团体辅导活动场所。团体辅导活动场所会对辅导效果产生一定影响，在选择时应优先选择环境安静的场所，这有利于使学生保持平静，让学生在平静状态下充分表达自身诉求。活动场所要有足够的空间，太过狭窄会让学生感觉压抑，不利于问题的解决。三是设计辅导方案，实施辅导过程。辅导方案要在辅导目标指导下进行，确保内容不偏离目标，为实现目标打下基础。在设计情境时，要以参与者的视角进行考量，让他们身处其中，以充分释放内在情绪。辅导方案实施可分为三个阶段：第一阶段是导入阶段，该阶段以加强团队成员沟通为目标，让成员之间更加熟悉，为建立信任关系打下基础；第二阶段是开展阶段，该阶段要以辅导目标为指导并按照辅导方案要求进行安排和规划；第三阶段是结束阶段，该阶段以指出问题并制订问题解决方案为主要任务。

5. 案例报告填写要求

辅导者在撰写案例报告时要注重格式，确保标准无误，在填写内容时要客观真实，将被辅导者的相关信息全部填入。案例报告包括被辅导者的一般信息资料、被辅导者问题描述、辅导者对问题的分析、辅导者制定的辅导目标和方案、辅导过程记录、辅导反馈与评估等内容。被辅导者的一般信息资料包括性别、年龄、年级等；被辅导者的问题描述用于反映被辅导者的问题程度、问题性质、精神状态等；辅导者对问题的分析主要为辅导者基于相关学科知识对被辅导者存在问题进行剖析的各项结果；辅导者制定的辅导目标和方案是辅导者对被辅导者进行辅导过程中制定的目标内容和方案内容的总和；辅导过程记录是对辅导过程各个环节和细节的记录内容；辅导反馈与评估包括辅导者追踪调查获得的内容和评估内容，以及被辅导者做出反馈的内容。

（四）反馈评估及督导

1. 辅导的反馈评估

思想政治教育辅导反馈评估体系以评估辅导工作质量为目标，进而发现存在的问题，然后提出具有针对性的解决方案，以保障思想政治教育辅导的良性发展。思想政治教育辅导反馈评估体系具体包括评估指标体系、评估组织体系和评估实施体系。其中，评估指标体系包括三部分内容：一是受教育者评估指标，包括大学生政治立场、思想境界、道德水平、心理素质等，主要是对大学生能否坚持立场、能否树立正确价值观念、能否形成良好道德规范等做出评价；二是教育者评估指标，包括教育者思想素质、政治理论、辅导技术、辅导效果等方面素质和能力指标；三是学校思想政治教育辅导整体评估指标，主要包括总体规划、制度制定、落实情况、队伍建设、硬软件投入等。

思想政治教育辅导反馈评估方式包括形成性评估、总结性评估、追踪性评估等。形成性评估指的是采用观察、问卷调查等方法对被辅导者的表现进行评价，评估结果可以作为辅导活动是否继续进行的依据。总结性评估是对辅导活动进行总体评估，主要评估被辅导者对辅导过程的满意程度、看法与感受等。追踪性评估是辅导活动结束后在一定期限内做出的评估，目的是了解辅导活动的作用效果，能够作为辅导活动进一步优化的依据。

2. 学校对辅导的督导

督导顾名思义是监督指导的意思。在思想政治教育辅导中，承担督导责任的是专业的辅导人员，他们通过观察、分析、评价对辅导的整个过程进行监督和指导，促进实际辅导者不断学习，进一步提升辅导水平。思想政治教育辅导的督导主要采取个体督导、团体督导、现场督导等方式。个体督导实行一对一督导模式，督导者和被督导者能够面对面进行讨论和分析，对辅导活动中出现的问题、困难等进行深入研究，进而寻找针对性措施完善辅导活动。常用的个体督导方法包括自陈式个案报告、过程记录、录音分析、录像分析等。团体督导是指采用团体谈论方式对多个辅导活动进行督导。通过这一过程，不同辅导活动中的辅导者能够交流互动，彼此交换思想和经验，而督导者主要发挥引导作用，确保团体谈论正常有序进行。相较于个体督导，团体督导更加开放和多元，能够为辅导活动中的辅导者获取各方面知识和经验提供支持。团体督导也有局限性，表现为辅导者被督导时间较短，造成督导的针对性和实效性受到影响。现场督导指的是督导者在辅导活动现场进行督导的方式。督导者可以采用打电话、发信息等方式进行现场指导，具有及时性强的优点，但也有缺点，即督导过程可能对辅导进程产生阻碍，使辅导活动效率降低。

第八章 大学生心理健康教育与思想政治教育的契合

第一节 大学生心理健康教育与思想政治教育契合的必要性

一、是凸显思想政治教育内在价值的需要

价值衡量主要根据主客体之间是否存在满足与被满足的关系。人是展现价值的本体，人的发展受到内外因素的共同作用，而当内外因素达到统一时，意味着个人价值和社会价值达到统一。因此，价值衡量最终落实到人的身上。任何一门学科的发展都离不开人的支持，并在为人的服务中不断增加价值，包括内在价值和外在价值。思想政治教育属于人文社会学科范畴，其内在价值指的是思想政治教育在促进受教育者发展方面所构成的价值属性，思想政治教育首先应立足于促进人的发展；其外在价值指的是思想政治教育作为工具手段所展现出的应用价值，二者归根结底是为满足时代和社会发展作贡献，同时也是为思想政治教育价值主体（即"现实的人"）提供服务。

思想政治教育中的人具有独立性，这是人自我发展的重要前提，也是思想政治教育内在价值的重要载体。传统思想政治教育更加重视社会价值，将培养优秀人才为社会作贡献作为重要目标。人与社会有着紧密联系，如果偏重社会价值而忽视人的价值，则会对人才培养效果产生不利影响。社会发展终究要靠人的推动来实现，这要求思想政治教育必须从社会本位向以人为本转变，真正在教育过程中做到以人为中心，体现人的主体地位，这样才能发挥思想政治教育的真正价值。高校思想政治教育的对象是大学生，在教育过程中不能只关注社会对个人的要求，还要关注大学生的心理需求，这样才能将大学生心理问题更清晰地展现出来，进而通过思想化和政治化手段进行引导和解决。与思想政治教育有所不同，心理健康教育主要通过由内及外的方式开展教育活动。从价值层面分析，心理健康教育主要致力于满足大学生的内在需求，引导他们达到更高的心理素质水平。因此，心理健康教育十分关注大学生的个人发展，并从多个角度培养大学生的发展能力，

如心理素质、心理调控能力等，帮助大学生应对由心理问题引发的思想认知问题。心理素质越好，综合素质提升越有动力，当大学生具备良好的心理素质后，有利于优化大学生道德规范及促进思想观念内化为个体自觉行为，使思想政治教育基本矛盾得以化解。

心理健康教育融入大学生思想政治教育，能够推动思想政治教育融入更多微观视角，促使教育者大力关注大学生本质需求，引导大学生正确处理国家、集体与个人之间的利益关系，当个人利益与国家利益、集体利益发生矛盾与冲突时能够更好地解决和应对。从这个意义上分析，大学生思想政治教育在心理健康教育支持下能够展现更强活力，并且进一步接近教育活动本质，有利于大学生的内在价值得到充分体现，进而夯实在社会主义和谐社会建设中的地位和作用。

二、是丰富思想政治教育内容的需要

思想政治教育内容体系是复杂的，并且随着时代发展不断动态变化。大学生思想政治教育以培养优秀大学生人才为最终目标，在该目标下育人体系得到构建，目的是确保思想政治教育在育人过程中更有目标和方向，推动教育效果更具针对性和时效性，确保培养出的大学生能满足社会要求。同时，思想政治教育体系的构建也要在"以人为本"的指导思想下进行，充分考量大学生思想品德形成和发展的规律，然后采用更加合理的教育内容。人的思想是复杂多变的，出现的问题也多种多样，这要求思想政治教育必须不断丰富教育内容，以更好地应对存在的问题，切实提升大学生的思想素质。

在实际的思想政治教育活动中，政治说教是主要教育方式之一，该方式更加注重高层次理想信念教育，而对较低层次的心理需要和道德情感教育不够重视，这造成人的思想道德品德形成得不到有效引导。在这种观念下，教育内容也存在与大学生身心特点相脱离的现象，使思想政治教育工作变得枯燥乏味，难以受到大学生的欢迎。心理健康教育需要遵循人的心理活动规律，要有组织、有计划地设计教育活动，并且将心理引导作为主要内容，着力于培养人的良好心理素质和社会适应能力。教育部多次出台政策文件对大学生心理健康教育进行规范和指导，并且对心理健康教育的作用和功能进行全面阐释。这有力地推动了大学生心理健康教育步入正轨，在培养大学生形成良好自我意识、开发内在潜能、学会情绪管理、打造良好人际关系等方面发挥了重要作用。

思想政治教育更加侧重于大学生思想道德方面的培养和引导，而心理健康教育将满足大学生心理需要和情感需求作为手段，进而培养大学生良好的心理素质。二者进行结合可以弥补思想政治教育的不足，如促进思想政治教育内容更具层次性，从低层次到高层次，可以为大学生各个方面循序渐进得到优化提供支撑，确保大学生健康成长。

三、是创新思想政治教育工作方法的需要

在认识世界与改造世界的过程中，人们需要依托相应方法和手段，当方法和手段合适时，则能够获得良好的认识与改造效果。具体到思想政治教育中，要想获得良好的教育效果，就要采用科学合理的方法。大学生思想政治教育方法的选择要以培养全面发展的大学生为原则，并且要考虑方法的连接效果，目的是促进教育者和教育对象建立良好关系，使他们在教育过程中更加积极主动，并且更好地互动与交流。

目前，思想政治教育主要通过思想政治理论课教学、报告讲座等方式进行开展，在具体教育方法上，说服教育、榜样示范、比较鉴别、实践锻炼等最为常用。从表面来看教育方法种类较多，能够为教育者多元选择提供支持，但是在实际情况中很多思想政治教育工作者在选择教育方法时往往是盲目照搬，而不是在完全理解的情况下进行应用。例如，理论灌输法中的"灌输"是对教育方法特征的描述，而不是具体实施方式。一些教育者只是了解了表层含义，在采用这种方法时引入"我说你听"的方式，该方式使教育者地位愈加凸显，他们在教育中逐渐形成了一些错误观念，如采用强制性态度对待学生，让学生在强制灌输下学习知识；还有一些教育者在引入教育方法时将重心放在完成相关任务上，而没有对学生的思想和心理实际进行充分调研，造成教育过程流于形式，教育效果受到很大负面影响。心理健康教育工作者注重利用心理学相关知识帮助学生解决心理问题，这与思想政治教育忽视学生表现形成了鲜明对比，如思想政治教育将集体教育作为

主要形式，而心理健康教育中个别教育形式占据主导，如心理测验、精神分析、个别会谈、心理咨询等是个别教育形式的重要方式方法。心理健康教育十分关注人的心理问题，而人的心理是敏感和脆弱的，如果采取强制性教育方式，则会引起人的反感与抵触，难以应对心理问题。心理健康教育中，教育者十分注重倾听，目的是了解学生的内在诉求，并为换位思考打下基础，进而与学生建立平等交流关系，采取结合学生需求的方式开展教育工作。大学生思想政治教育应积极借鉴心理健康教育的方式方法，要更加重视大学生的思想和心理特点，促进教育过程深入人心。总而言之，大学生思想政治教育融入心理健康教育的方法能够增强人性化，也能推动思想政治教育更加科学化，进而为更深层次的改革和创新打下基础。

四、是拓展思想政治教育新载体的需要

思想政治教育目标的实现离不开载体支撑，具体来看，思想政治教育载体指的是承载和传导思想政治教育因素的相关内容，而这些内容只有被思想政治教育主体充分运用才能发挥其应有价值和作用。近年来，现代科技飞速发展，尤其是信息化时代到来后，各个领域更新换代的频率不断提升。思想政治教育载体也得到革新，其中网络媒体成为思想政治教育新载体，不仅为思想政治教育提供了更为丰富的信息资源，而且扩大了思想政治教育的影响力。我国网民数量不断增多，其中大学生是重要组成部分，他们运用网络的频率较高。思想政治教育如果能够合理利用网络媒体新载体开展教育工作，则能够满足大量大学生对思想政治教育的诉求。

网络媒体新载体是大学生思想政治教育新时代必须关注和重视的内容，也是进行创新的重要支撑。但是任何事物都有两面性，网络媒体同样如此。网络媒体带给人们诸多便利，让人们实现了"足不出户便知晓天下事"的目标。但是随着网络普及程度的不断提高，网络上也出现了大量问题，其中大学生网络心理问题占据主要地位。在网络心理问题影响下，很多大学生出现学习成绩下滑、社交圈狭窄、情绪控制能力差等问题。针对这些问题开展思想政治教育是必要的，但仅依靠这一途径是行不通的，还要更加重视心理健康教育工作。心理健康教育方式也要革新调整，满足网络时代需求，以更好地应对大学生网络心理问题。面对大

学生出现的网络心理问题，思想政治教育工作者要积极关注网络环境，对网络环境中存在的各类负面要素进行深入分析研究，并紧密结合心理健康教育革新创造新的教育方式与方法，最终找到应对心理问题的最佳方案。

第二节　大学生心理健康教育与思想政治教育契合的可行性

一、理论基础存在共同性

大学生思想政治教育和心理健康教育存在共同性，二者有着共同的理论渊源。思想政治教育作为一门独立学科，其理论基础主要为马克思主义，在这一基础上得到建设和发展，逐步与更多理论建立联系。心理健康教育属于心理学理论体系，心理学相关学科知识是重要理论依据。二者在理论基础上有所区别，但均是德育的重要组成，承担着培养"四有"新人的重要任务。目标相同、范畴统一，决定了二者具有共同的理论渊源，即马克思主义关于人的全面发展理论。马克思主义关于人的全面发展理论论述了人的本质特性和发展要求，具体来说包括人的需求的满足、能力的提升、人际关系的丰富、个性的发展等。马克思主义关于人的全面发展理论是相对于片面发展而言的，认为一个人参与到社会生产过程中，德、智、体、美、劳等方面能够得到充分的、自由的、和谐的发展，这样才能成为具备各方面能力的人才，进而为社会服务，并成就自身。思想政治教育和心理健康教育都是围绕人才培养进行的，马克思主义是二者的重要指导思想，马克思主义关于人的全面发展理论是重要理论基础，指导二者要将人的自由而全面发展作为最高价值目标。马克思主义关于人的全面发展理论突出强调了人的主体性，具体到大学生思想政治教育和心理健康教育中，大学生应成为主体，并且想方设法地使他们的主体性得到充分发挥。该学说与"以人为本"具有紧密联系，以学生为中心是更为具体化的思想产物，要求大学生思想政治教育和心理健康教育始终将大学生的实际情况和内在诉求作为制订教学方案和选择教育方法的核心依据，这样才能确保大学生的主体性得到充分发挥。

二、学科体系存在互补性

大学生思想政治教育和心理健康教育在学科体系上存在一定的互补性。任何一门科学都不是孤立发展的，而是不断吸收和借鉴相关学科的研究成果，进而丰富和完善本学科。思想政治教育主要研究人的思想品德形成和发展规律，研究对象是活生生的人，而人作为智慧动物，从内在到外在都是复杂的，要想掌握和了解人的相关信息，需要从多方面入手，如社会因素、心理因素、自然环境等均要考量。如此一来，思想政治教育学就可逐步吸收其他学科的知识，走上综合化发展道路。目前的思想政治教育学所关联的学科包括哲学、社会学、教育学、伦理学、统计学、管理学、心理学等。其中，心理学支撑着思想政治教育进一步揭示教育规律，探索思想政治教育过程中教育者和受教育者心理机制作用进程，并对受教育者的心理素质养成等问题进行深入分析。思想政治教育学必须坚持马克思主义基本理论，在借鉴其他学科时该理论基础仍处于指导地位，并在这一基础上规划内容体系。心理学主要研究人的心理过程和心理特征，采用的研究方法值得思想政治教育借鉴和应用，如在研究人的思想道德形成和发展规律时，由于整个过程贯穿人的心理活动，因此使用心理学研究方法能够更深入地了解和认知人的心理活动，进而更深入地揭示规律。任何人思想品德的形成均伴随着心理活动，所形成的思想和心理表现存在相互影响和相互制约的关系，因而当出现思想问题时，心理问题往往同时存在，此时如果不能有效区分二者，则容易造成采用的策略缺乏实际针对性。充分掌握思想发展规律和心理运行规律是区分思想问题和心理问题的重要前提，但在具体实践中也要相互借鉴，如此才能获得更好的研究效果。心理健康教育以培养良好的心理品质和健康人格为目标，心理学是重要理论依据。

除此之外，教育学、伦理学等也发挥着相应作用。心理健康教育在运用相关理论和技术时，将大学生具体情况作为重要参考对象，目的是更好地调节学生情绪，并引导他们在人际关系、职业选择、心理疏导等方面达到更高水平。心理和思想不可分割，思想问题的解决离不开心理疏导，心理问题的应对也离不开思想层面的深挖。获得正确思想指导是重要前提，当大学生在正确思想指导下树立了正确的世界观、人生观、价值观，心理问题的应对就获得了坚实基础，如果价值观层面偏离正确轨道，使用再多方式方法应对心理问题也难以从根源上解决。因而，在将心理学作为心理健康教育理论依据的同时，也要积极引入教育学、管理学内容进行研究分析，并且要将马克思主义作为指导思想，为心理健康教育处于正确政治立场打下基础，确保培养出的学生不迷失方向，成为切实为国家建设作贡献的优秀人才。思想政治教育和心理健康教育在理论依据方面有所区别，但同时也存在不同程度的交叉和重叠，使二者所属学科体系相互支撑、相互补充。在当下素质教育改革进程中，二者作为"培养人"的教育，成为教育改革的重要切入点和关注点。马克思主义基本原理成为二者的共同指导思想，并在这一思想下不断寻求融合途径，使二者充分发挥作用。

三、教育层次存在连续性

大学生思想政治教育和心理健康教育在教育层次上存在一定的连续性。思想和心理共同作用于人的行为，其中思想驱动人认知客观事物，从感性认知逐步向理性认知跨越，最终实现充实思想的目标。思想与实践是相互作用的关系，思想可以指导实践，实践又能丰富思想；心理主要发挥能动反映作用，通过潜意识描述客观事实，最终转化为意识。可以说，思想是人精神领域的高层次表现，心理是一种认知表现，思想过程伴随着心理认知，当心理认知实现从量变到质变，便会升华为思想。思想政治教育着重关注人的思想问题，并以政治目标考量人们的世界观、人生观和价值观是否符合智慧标准，进而引导人们夯实政治立场、形成道德观念及树立价值观。心理健康教育着眼于人的认识与认知，通过提升认识与认知水平为改善人的心理健康水平服务，让人们具备更强的社会适应能力。只有心理健康，才能形成健全人格，思想层面才能获得进一步升华的土壤。心理健康教育和思想政治教育在应对问题方面存在层次差异，但二者又是不可或缺的，否则难以获得理想的教育效果，如心理健康教育活动提升大学生的认知能力后，其潜意识结构会向正确方向发展，并逐步升华为理论认知，这就是思想层面得到正确塑造的基础。思想政治教育和心理健康教育有着不同的教育目标和任务，前者侧重于培养良好的思想品德，目的是指导人们行为正确合理；后者侧重于塑造健全人格，目的是持续影响人的行为，使之始终处于正确轨道上。这两种教育活动归根结底是为培养人服务，知行合一是终极目标。

四、教育内容存在相融性

大学生思想政治教育和心理健康教育在内容上具有很大的相融性。大学生思想政治教育是一项通过培养大学生思想道德品质促进大学生全面发展的教育活动，而全面发展自然也包括健全人格的养成，因此该教育活动必然涉及大学生心理活动和思想意识活动。大学生思想品德培养和人格塑造层次不同，但具体过程有着统一性，均要经过知、情、意、行几个过程。思想品德结构中世界观处于核心地位，具体包括心理、思想、行为三方面内容，而在心理结构中，认知、情感、意志、信念处于平等地位，相互之间紧密联系。首先，心理是思想品德的重要基础，一个人在修养思想品德时，心理层面要表现出认可与认同，如果心理上存在抵触，则要修养心性，从知、情、意、行几个方面入手逐步改变心理状态。其次，人的行为产生的源头是动机，而动机的源头是人的需求。在这一过程中，人的知、情、意、行发挥着重要作用，低层次作用往往产生简单需求，行为内容也较为单一，高层次作用则上升至信念高度，进而形成思想道德认知和情感，激发的动机是深刻的、长远的，行为层面也更为厚重。最后，思想品德的形成是主客观因素共同作用的结果。客观因素范围很广，而在与人的主观因素进行融合时，人的性格、气质、态度等充当"过滤器"，将促进思想品德形成的内容保留下来，将其他内容剔除。经过这一过程形成的思想品德能够满足个性心理需求，并在潜移默化中指导人，尤其是能够培养更强的心理承受能力和调节能力，让人们在遇到困难和挫折时正确面对和看待，也能上升到大是大非层面进行考量，进而提升判断能力及进一步完善思想品德。心理因素始终贯穿思想品德形成过程，最终表现在行为习惯上，实现各种心理因素的有机统一，并能够为人们人格的形成和发展提供支持。总而言之，思想品德发展和人格完善都会获得心理因素渗入，因而将心理健康教育与思想政治教育进行融合是可行的，并且二者融合后能够进一步提升心理系统在思想品德结构中的地位和作用。

第三节　大学生心理健康教育与思想政治教育 契合的现状与原因

　　大学生心理健康教育和思想政治教育的契合需满足多方面要求：首先，对于大学生思想政治教育工作来说，心理健康教育能够为其提供心理层面的资源，有利于深化思想政治教育的内涵和内容，也能够拓展教育的方式与方法，使思想政治教育更加科学，从而提升教育效果。其次，二者的契合能够帮助大学生应对思想和心理方面的问题，为形成良好心理素质和提升思想政治道德水平提供助力，进而在未来发展中获得更好效果。再次，二者的契合响应了我国的教育政策。我国的教育政策是在建设社会主义和谐社会大框架下制定的，当心理健康教育与思想政治教育有机结合时，大学生就能够获得身心和谐发展，同时也能在社会要求下不断优化自身，进而成为建设社会主义和谐社会的重要力量。最后，二者契合是心理健康教育更好发展的要求。心理问题并不是单纯心理层面出现异常，世界观、人生观、价值观等同样会产生影响力。要想维持健康心理就需要从更多方面入手，其中思想政治教育发挥着重要作用，能够引导学生树立正确价值观。心理健康教育和思想政治教育各具独立性，二者的契合不是简单的"1+1"，而是要更深入地融合，获得"1+1>2"的效果。但是在实践过程中存在很多问题，需要剖析背后原因才能更好地应对和处理。

一、大学生心理健康教育与思想政治教育契合的现状

（一）思想政治教育教学过程中缺乏心理健康知识的渗透

　　高校思想政治教育以理论传授为主，让学生在认识和理解相关理论的基础上认识世界，改造世界，树立正确价值观，夯实为共产主义奋斗的理想信念。在实际情况中，思想政治教育内容主要集中于意识形态相关知识，很少有心理健康知识的渗透，造成教育内容不仅枯燥无味，而且与学生实际脱节，导致学生接受思想政治教育后仍然不具备处理实际问题的能力，如在人际关系方面不懂得如何维

持，面对挫折时不懂得如何克服，不懂得如何管理负面情绪，等等。心理健康教育具有很强的运用性，传达的教育内容能够帮助大学生提升处理健康心理的相关能力。由于思想政治教育没有充分渗透和应用，大学生心理素质培养难以有效进行，大学生心理健康情况令人担忧，导致大学生学到的思想政治教育知识难以落到实处，出现看待问题理想化、处理问题简单化等现象。

（二）日常思想政治教育工作关照学生实际需求不够

思想政治教育逐步改变了面貌，与学生的距离更加贴近，并且始终坚持以学生为中心。随着社会向前发展，学生各个方面均展现出新的特征，思想政治教育也应进一步改革创新，以更加契合大学生的思想和心理。思想政治教育将课堂教学作为重要途径，而在新形势、新要求下，开展实践活动应成为重点，通过让学生参与实践活动来了解社会真实面貌，并得到多种锻炼和磨砺。对于思想政治教育工作者来说，通过实践活动也能够了解大学生的思想情况和心理状态。日常思想政治教育开展者主要包括辅导员和班主任，很多高校要求辅导员住在学生公寓，目的是与学生近距离接触，更好地认识和了解学生，及时发现学生存在的问题，然后及时解决和应对。目前很多高校日常思想政治教育工作效果不尽如人意，很多教育者并没有与学生建立紧密联系，即使与学生有过交谈和交流，但不够深入，导致他们在应对大学生思想和心理问题时难以制订具有针对性的方案，陷入"头痛医头、脚痛医脚"的误区。在思想政治教育中，应加深对学生实际情况的了解，给予学生关爱和关心，让他们更愿意接受思想政治教育，同时也可以很好地解决遇到的问题。但实际情况是思想政治教育工作者对学生的了解程度不够深入，如很多学生认为辅导员与学生之间只是管理者与被管理者的关系，产生的联系是冷漠的、机械的。在这种关系下，辅导员和学生不会达到心与心的交流，当学生出现相关问题时，辅导员不能及时发现，导致这些问题进一步严重化。

（三）思想政治教育忽视学生的主体性，以人为本思想欠缺

高校思想政治教育的对象是大学生，所有工作环节应立足于大学生需求进行设计，这样教育工作效率与效果就能大大优化。在大部分学生眼中，思想政治教育是极为必要的，但是他们对待思想政治教育的态度却不容乐观，有的学生对思想政治教育表现出反感，有的学生认为思想政治教育没有发挥太大作用，只有很小一部分学生对思想政治教育表现出喜欢。这说明大学生对思想政治教育的功能和作用是认可的，但对思想政治教育方式表现出不认可态度。很多高校在开展思想政治教育工作时，往往没有将大学生的思想状态和心理素质考虑在内，只是一味地凭借经验开展相关工作，这样思想政治教育是在教育者思维下运行的，难以与学生思维契合，导致学生产生抵触和反感情绪。很多教育者习惯采取强制措施要求学生接受知识，在这一过程中学生受到压制，非但不能从思想政治教育中受益，还可能引发心理问题。近年来，思想政治教育工作者逐步认识到这一问题，开始通过丰富的教育方式和方法吸引大学生，但从实际情况来看，新型教育方式与方法只是表面上的"新"，实际上还是在"走老路"。在单向灌输观念下，大学生的主体性受到抑制，内在需求和诉求难以充分表达。思想政治教育必须贴近学生，帮助学生解决实际问题，如此才能赢得学生的喜爱。

（四）网络在心理健康教育和思想政治教育契合中没有得到合理利用

网络是一种新型传媒方式，具有方便、快捷的特征。随着高校网络覆盖率的进一步提升，网络在高校中的影响力得到拓展和深化。对于思想政治教育和心理健康教育来说，网络充当了平台和载体的角色，促进二者更好契合。但是在实际情况中，网络并没有得到合理应用，这也使二者的契合效果不尽如人意。在信息化时代，网络是容纳大规模信息的载体，人们通过网络能够获得各式各样的信息内容。当高校建立思想政治教育网站后，广大师生可以从中获取丰富的思想政治教育资源和心理健康教育资源，但由于网站管理者能力、认知等方面不足，网站内容逻辑性、层次性和针对性较差，难以对广大师生产生良好的吸引力。由于网站宣传工作不到位，广大师生对网站不够了解，使网站创建价值大打折扣。在对大学生利用网络接受思想政治教育的调查中了解到，主动登录高校思想政治教育网站的学生寥寥无几，这说明高校在利用网络开展思想政治教育方面成绩不佳，有待进一步改进和完善。大学生作为网民的重要组成部分，使用网络的频率较高，而教师对网络的热情程度较之学生有着较大差距，他们很少登录网络获取知识。这样课堂上教师讲授的知识就会十分有限，难以满足学生对知识的需求。很多学生通过网络获取的知识不仅包含课堂上教师讲解的知识，而且包含很多教师不曾提及的知识。这在潜移默化中削弱了教师的权威地位，有些教师为了夺回权威，向学生告知网络有很多负面影响，希望他们减少应用网络。这种做法会削弱网络在心理健康教育和思想政治教育结合中的作用。当然，网络既有其优势，也有其短板。网络大量信息中确实存在很多不良内容，大学生接收这些信息后，容易产生诸多不良影响，如网络心理健康问题便由此而生。这一问题的出现与很多因素有关，如高校思想政治教育工作者不熟悉网络，不具备筛选网络信息资源的能力，造成学生在上网过程中接收到不良内容。

二、大学生心理健康教育与思想政治教育契合不足的原因分析

（一）契合没有紧跟时代步伐

思想政治工作是其他工作正常运行的重要保障，如果思想政治工作做不好，就容易造成人们思想混乱和理想信念被瓦解。高校思想政治教育要承担起这一重要使命，培养出满足社会发展和政治发展需要的优秀人才。要想实现这一目标，高校思想政治教育要与时代紧密结合，始终保持步调一致，这样既有利于夯实主流意识，也能够促进经济正常发展。然而现实情况却不尽如人意。改革开放以来，我国经济不断发展，中国特色社会主义市场经济体制也逐步得到建立，但是高校思想政治教育却出现滞后现象，没有跟上时代发展的步伐，仍然是按照计划经济体制下的传统工作方式进行。在新的时期，人们的思想中融入了更多功利化和利益化观念，这对主流意识形态造成冲击，需要思想政治教育拨乱反正，但是实际情况却限制了思想政治教育作用与功能的发挥。尽管我国已将心理健康教育纳入高校德育体系，与思想政治教育进行结合，但是仍然没有彻底解决存在的问题，主要原因在于传统思想政治教育理念和方法没有得到根本性转变。心理健康教育也处于不断探索中，与我国国情的契合度有待提高。在教师层面，很多高校教师的思想和心理存在矛盾和冲突，加之理论水平和社会意识没有得到及时革新，导致他们在向学生传达政治理论和道德观点时存在一系列问题，造成大学生意识形态塑造与社会发展出现不吻合现象。一些高校教师在经济利益诱惑下改变了育人初心，在教育教学工作中逐步转移重心，将获得更多利益放在重要位置，而对本

职工作较为懈怠，这种状态在潜移默化中向学生渗透着不良价值观。大学生的是
非判断能力有待提升，容易被错误内容误导，进而在思想意识层面出现扭曲和异
化。大学生思想政治教育在意识形态塑造方面作用匮浅，需要基于社会发展趋势
不断革新与调整。但是实际情况却不尽如人意，且心理健康教育模式也存在与我
国大学生心理问题不够吻合的现象，二者均存在不能与时俱进的问题，这些均使
二者的融合效果不佳，教育工作的时效性与针对性不强。

（二）契合理论和实践脱节

思想政治教育和心理健康教育分属于不同学科，在具体实践中存在诸多差异。
二者在契合过程中，需要基于我国大学生思想和心理现状进行探索研究，逐步弱
化差异，找出更多共同点，而差异性内容也可相互借鉴，为调整与革新提供支撑。
这些目标的达成有利于增强大学生思想政治教育工作的科学性和实效性。然而在
具体结合过程中，存在将思想问题心理化或者将心理问题思想化的现象，造成二
者契合出现混乱。

我国学界对以上问题已经有所认知，并且开展了深入研究，积极寻找心理健
康教育和思想政治教育更为适宜的契合之路，但目前主要停留在理论研究和分析
论证层面，实践层面的研究成果较为有限，仍旧存在很多问题与困难等待解决。
在理论方面，心理健康教育和思想政治教育存在区别和联系，经过整合和多角度
分析能够为二者的契合提供理论支撑，但是理论主要发挥指导作用，必须贯彻落
实到实践中才能切实彰显价值。很多研究成果主要围绕教育目标、教育方法、教
育内容、教育本质等对二者的契合进行研究，这些研究向人们彰显了二者契合的
理想状态，但是在实际操作层面没有提出行之有效的契合方案，如思想政治教育
与心理健康教育的被动性和主动性结合有很多理论论述，但却没有实实在在的行
动方案。理论指导实践这一过程需要付出巨大努力，因为完成一项实践活动需要
关注各个细节才能实现目标，如方案设计、行动规划、活动评价等要在理论指导
下进一步摸索和探究，对出现的问题进行应对和解决。目前心理健康教育与思想
政治教育进行契合的难点主要存在于实践层面，要想优化实践，归根结底还要回
到理论研究上，这要求学界对二者融合进行更深层次、更多角度的研究，尤其是

结合当前实践成果中出现的问题和弊端进行针对性研究，进而为二者的契合提供有力支撑。

（三）契合过程存在弊端和问题

心理健康教育和思想政治教育是两种不同的教育活动，二者结合要相互借鉴和补充，这样才能发挥更大作用，但是在实际契合中，二者存在的一些弊端和问题对最终契合效果产生了不良影响。

大学生思想政治教育在高校德育中占据重要位置。随着时代发展，大学生思想政治教育也出现了一些弊端，使大学生综合素质培养受到不良影响。首先，思想政治教育工作更为重视政治导向，而对大学生本体不够重视。传统思想政治教育工作将重点放在培养大学生政治素质和道德素质方面，却忽视了心理素质的培养，在规划教育内容时往往着眼于社会和国家宏观层面，目的是引导大学生在思想品德与道德塑造中能够满足社会与国家发展要求，而与大学生本体息息相关的内容却屈指可数，造成思想政治教育内容不能符合大学生的实际需求，思想政治教育针对性被削弱，容易给人一种机械、空洞的印象。其次，思想政治教育对大学生主体性不够重视。传统思想政治教育中的教师和学生有着明显的主体与客体之分，表现在具体教学过程中是管理者和被管理者的关系。例如，教师往往采用单向灌输方式向学生传达知识，而学生只能被动接受，学生能否充分认知和内化知识内容并没有得到教师的足够关注。受应试教育影响，教师希望学生将知识内容背诵下来，只有在考试中考出高分才意味着达到了应有的教学效果。这样的教学过程带有浓厚的强迫性，在互动性方面做得很不到位，使学生的主体性被忽视，容易激起学生的逆反心理，对教学效果产生极大的不利影响。再次，思想政治教育工作方法和内容没有得到有效创新。思想政治教育是在马克思主义指导下开展的，马克思主义对人的全面发展十分重视，但是思想政治教育却在这一点上存在很多问题，如在实际工作中，很多思想政治教育工作者没有对大学生的实际需求进行分析和调研，造成引入的教学内容和方法与大学生的契合度不足，尤其是出现新情况和新问题时，思想政治教育很难做出针对性处理。教育内容陈旧落后、教育方式机械且单一，均导致思想政治教育工作的创新受到阻碍。最后，思想政治教育工作队伍的综合素质有待提升。思想政治教育工作需要"人"来完成，"人"的综合素质水平对工作效果产生直接影响，因此要着力提升"人"的素质，除了专业素质外，身心素质、道德素质等也要得到优化。这样的教师队伍才能对学生进行积极正确引导，成为学生心目中的榜样，让学生学习和效仿。目前，思想政治教育队伍在素质水平方面参差不齐，有的教师道德素质较低，有的教师业务能力不足，还有的教师缺乏教育经验。要想改变这种状况，必须做好教师队伍的培养和建设工作。

心理健康教育进入高校后取得了一些成绩，在应对大学生心理问题方面发挥了相应作用，但是从我国高校心理健康教育发展现状来看，仍然存在一些问题需要解决。首先，心理健康教育在渗透性方面没有达到理想的程度。大学生心理健康教育应以隐性教育为主，通过在各门学科中的渗透发挥应有作用。但实际情况却是很多高校将心理健康教育划分出来开设专项课程，并采取和其他课程相似的教育方式进行教学，这造成心理健康教育渗透效果不佳，在学生心理引导方面的作用被削弱。其次，心理健康教育师资力量不足。目前高校心理健康教育工作主要由辅导员、班主任、思想政治教育工作者担任，而专职和专业心理健康教育教师在数量上较为不足。非专业人士缺乏心理学专业知识与心理健康教育专业技能，他们在开展心理健康教育工作时往往出现很多问题，影响最终教育效果。正因如此，高校设立的心理咨询室很难得到大学生的认可，前来咨询者非常少，造成心理咨询室难以发挥其应有作用。最后，心理健康教育工作重点不明确。心理健康教育要将提升学生心理素质作为重要目标，并对存在心理问题的学生进行干预和治疗，其中干预治疗应处于辅助地位，但很多高校在开展心理咨询活动时却以应对严重心理障碍为切入点，这造成大学生不能正确地认识心理问题，出现了"讳疾忌医"现象。

（四）契合缺乏有利环境和条件支撑

心理健康教育与大学生思想政治教育契合是一项大工程，能够产生多种积极影响，各个方面和领域都可从中受益，因此二者契合要得到多个方面和领域的支持。在实际情况中，社会力量支持程度不容乐观，很多支持举措没有贯彻落实。

首先，社会环境在市场经济影响下呈现显著的功利化，人们追求利益之心更为强烈，社会道德在潜移默化中有所削弱，并且人与人之间的关系逐渐向金钱靠拢，变得表面化且冷漠。社会道德环境的恶化对大学生思想和心理产生了诸多负面影响。从原因分析，人们的精神需求变得淡薄、道德素质不断下降、更多关注自身利益得失等是重要影响因素。在这样的环境下，思想道德水平和心理健康程度的评价工作难以进行，因为即使获得评价结果，也会湮没于不良环境中。思想政治教育和心理健康教育的发展需要良好的外在环境，否则教育效果必然不佳。其次，很多高校表面上响应国家号召和教育部相关政策，但在实际工作中却没有给予心理健康教育和思想政治教育足够的条件保障，忽视了二者的契合，造成二者发展过程中资金匮乏，教师队伍建设落后，使教育工作难以顺利开展，工作成效大受影响。再次，大学生自我认知程度有待提升。育人工作应着眼于长远，从人的全面发展入手，其中教会学生如何做人处于首位，只有先学会做人，才能进一步研究如何成才。但是在实际教育中，"做人"引导被放在次要地位，如何让大学生获得更好成绩成为首要目标。这在潜移默化中渗透出功利性态度，大学生深受影响并着力关注对自身发展有利的内容，而对道德品质、心理素质等难以立刻发挥作用的内容不够关注。如此一来，大学生逐步在自我认知方面出现偏差。最后，家庭教育不到位。很多家长对子女过度宠溺，而在道德引导和心理辅导方面做得不到位。例如，有的家长认为子女只要学习好、成绩好就是优秀的孩子，至于道德是否高尚、心理是否正常在他们看来不重要。这样的错误思想对学生产生不良影响，导致思想问题和心理问题在潜移默化中得以形成和发展。

第四节　大学生心理健康教育与思想政治教育契合的路径

一、始终坚持以人为本的教育理念

以人为本的教育理念倡导从"人"的需求、诉求及实际情况出发，教育策略能够满足"人"的需求，支持他们在精神层面和心理层面得到良好塑造。以人为本落实到现实中，通常表现为尊重人、理解人、肯定人、丰富人、发展人、完善人等。其中，尊重人是核心，指的是尊重人的主体地位和个性需求，有利于激发他人的自主意识，在学习和工作中发挥更强的主观能动性，为获得全面发展打下基础。高校教育应始终坚持和贯彻以人为本的教育理念，以大学生为中心革新和调整教育工作，这样才能促进高校教育事业不断向前发展，达到更高层次。

（一）坚持主体性原则

思想政治教育是一种培养人、塑造人、发展人、成就人的教育活动，其理论基础是马克思主义，在开展过程中渗透出浓厚的人文性，给予学生人文关怀。人是社会关系形成的基础，人们在交往过程中如果能够做到相互关心、相互尊重、相互理解，则能够为建设和谐社会作贡献，并且人们的主体性也能得到增强。传统思想政治教育在这些方面做得不尽如人意，教育者和受教育者之间的关系被烙上等级性，表现为教育者拥有很多权利，主导教育过程，而受教育者只能被动接受和服从。这成为思想政治教育形成单向式、强迫式模式的条件，使教育过程中大学生的心理需求被忽视，主观能动性难以充分发挥。教育者和受教育者在地位不平等的情况下，思想政治教育价值会被削弱，教育效果也会大打折扣。教育是一项神圣事业，承担着培养独立优秀人才的重要使命，要想实现这一目标，必须摒弃强制灌输做法，同时削弱和转变权威和教条思想。新的时期，在大学生思想政治教育革新优化中，必须将不足放在明处进行审视，而后采取具有针对性的措施进行扭转，对于其中的积极正面内容要传承下来。尊重大学生主体地位应放在首位，只有大学生得到尊重和重视，教育过程才能紧密围绕大学生。

人的需求可划分为多个层次，其中精神需求属于高层次需求，思想政治教育作为一种意识教育，如果能在精神层面满足人们的需求，则能让人们充分接受和认可。因此，思想政治教育活动必须增强人文关怀，教育者应以平等关系与大学生相处，在平等交流互动中了解大学生个体需求，进而采取有效方式进行心理辅导，帮助大学生应对心理问题，保持心理健康。苏霍姆林斯基说，教师在教育和指导学生时要注重精神层面的引导和激发，让学生认识自我、唤醒自我，从中获得自尊，在精神层面将自己作为一个独立的、精神丰富的人。当达到这一状态后，在学习和生活道路上就能够披荆斩棘，任何困难和挫折都无法将他们打倒。这一观点告诉我们尊重学生主体性有着极为重要的意义，能够打造和丰富学生的精神世界，促进学生道德品质不断提升，更重要的是成为独立的个体，实现真正的自我。

（二）坚持共情原则

大学生正处于风华正茂的年纪，他们情感丰富且激烈，有的时候显得些许极端，思想政治教育工作者在对他们进行引导时表现出的态度要真诚，通过真感情与大学生建立联系，与他们成为朋友，这样才能真正走进大学生的心里，为教育引导更深入、更有效打下基础。传统思想政治教育深受单向式教育模式影响，使教育活动中的情感互动被削弱，强制灌输占据主要地位。教育者也在付出情感，但是强制灌输理念使他们的情感变得机械和敷衍，难以调动大学生的激情，不能产生良好的情感共鸣效果。长此以往，思想政治教育逐步变成一种具有强制性的外在教育，脱离了教育本质。针对这种情况，有学者进行了形象描述，认为当前学校教育表现出以下特征：一是注重外在制度调整，目的是应对不断出现的新情况，而对于应该重视的人却采取忽视态度，造成空有制度却难以有效实行；二是学校教育没有主心骨，没有坚定的目标和信仰，在不断调整目标的过程中变得浅薄无力；三是学校教育失去了爱，没有爱的教育犹如无源之水，外在形态可以千变万化，但内部却空虚无物。

要想扭转思想政治教育当前的空虚状态，引入心理健康教育提升共情程度势在必行。共情指的是一个人设身处地地为他人考虑，体会他人的所思所想，并站在他人角度看待问题，经过这一过程，人们能够深入理解他人感受，更能了解他人产生某种情感反应或行为反应的深层次原因。思想政治教育要注重育德，首先要融入更多爱的元素，使教育过程被爱浇灌和渗透。思想政治教育工作者要积极主动地关爱大学生，不是简单地关心和鼓励，而是要站在大学生的角度思考问题，这不仅能了解大学生的需求和诉求，而且能审视教育工作，有利于找到不足之处。教育者还要对教育工作保持高度热爱，在教育过程中不敷衍了事，不追求速成，而是踏踏实实地发现问题，实事求是地指出问题并解决问题。面对大学生时要时刻向他们施以关爱，走进他们的内心，体会他们的内心感受，并细心观察他们的情感反馈，这样有利于情感交流和换位思考，帮助教育者和受教育者找到情感共同点，进而在情感共鸣方面获得更好效果。如此一来，大学生的抵触心理将逐步消解。因此，思想政治教育工作者只有真正学会爱学生，才能让学生爱上教育，与教育者进行积极的情感互动，使思想政治教育成为真正的教育，而不是华而不实的教育形式。

（三）坚持解决思想问题与实际问题相结合原则

在思想政治教育中，人是核心环节，教育策略和方式方法都要紧紧围绕人而展开。这就需要教育者在开展教育活动时从大学生的需求、诉求、实际情况等入手进行考量，因为离开人的教育就会失去活力，教育效果也会空洞化和抽象化。曾有学者说过，教育应为生活服务，脱离生活的教育会失去价值。因此，思想政治教育必须关注人、关注生活、关注实际，否则就是空谈。大学生思想政治教育如何贯彻以人为本的理念是一个需要不断探索和思考的难题，要解决这一难题，关键在于明确思想政治教育主体。传统思想政治教育理念和方式方法在应对新情况、新问题方面有所不足，需要进行调整，以形成新时代的思想政治教育模式。改革开放以来，我国社会各个方面发生了巨大变化，新旧碰撞成为常态，对于大学生来说，这成为他们转变思想和心态的重要条件。因此，高校思想政治教育工作者应深入了解这些变化，在此基础上引入和规划教育内容，使教育内容更贴合新情况，在引导大学生塑造新思想方面发挥应有作用。以大学生就业为例，由于社会就业机制、分配方式等发生变化和调整，大学生就业形势变得更加严峻。在这种环境中，大学生功利性思想不断增强，就业选择具有明显功利性。思想政治教育在引导大学生形成正确就业观念时，应对大学生就业现状、利益相关情况进行充分调研和了解，而后真诚地与大学生进行交流，倾听他们的想法和观点。这样能够帮助教育者甄别其中的错误内容，然后进行针对性引导和纠正，逐步让大学生形成正确的价值观和利益观。如果教育者忽视与学生交流，只是一味地向学生灌输价值观念、理想信念等内容，这样不仅难以取得理想效果，而且会激发学生的抵触心理，更加不利于思想政治教育的推进和发展。学生出现问题后，教育者不能只想着扭转、改变，而要懂得共情，通过平等交流互动走进学生内心，如此才能更充分地了解学生的实际情况，才能采取具有针对性的引导策略。思想政治教育工作要切实、夯实，并且与其他工作紧密结合，通过解决思想问题来为解决实际问题打下坚实基础。在大学生思想政治教育工作发展中，要关注大学生切身利益，切实贯彻以人为本理念，如此才能推动心理健康教育与思想政治教育有机结合。大学生实际利益得到维护、实际问题得到解决，说明思想政治教育切实发挥了作用和价值，这样才能改变大学生的思想观念，使大学生对思想政治教育的态度由抵触向接受转变。

二、坚持理论创新与实践体验相结合的教育方式

（一）增强心理健康知识在思想政治教育中的渗透性

在心理健康教育过程中，运用性和渗透性更加突出。其中，运用性表现为运用心理学相关知识和技能解决心理问题；渗透性表现为心理健康教育在潜移默化中与其他学科产生关联。目前很多高校开设了心理健康教育课程，但是在课程设置方面存在一些问题，如知识灌输占据主导，实践运用却被忽视；心理健康教育内容与思想政治教育内容较为接近，没有突出表现自身特征；开展形式得到重点研究，而核心本质却被忽略；等等。这些问题的存在造成心理健康教育课程难以发挥应有作用，并且进入了一味理论灌输的误区。思想政治教育理论课是开展大学生思想政治教育的重要途径，主要采用理论灌输方式。在对大学生的调查中发现，很多大学生对思想政治教育理论课表现出反感态度。这主要因为理论灌输方式具有强制性。心理健康教育如果陷入理论灌输误区，同样也会受到大学生反感。因此，要对心理健康教育进行重新塑造，使其运用性和渗透性得以充分体现和发挥，这样能够优化心理健康教育，也能与思想政治教育融合后弥补不足，并从思想政治教育中吸收有利元素，促进二者更好契合。在思想政治教育中，教育者应多采用一些具有隐性渗透作用的教育方式，目的是在潜移默化中与大学生思想相融合，进而塑造良好的师生关系，促进课堂氛围更加融洽；教育者要具备教学设计能力，根据实际情况灵活选择教学方式；教育者还要修炼自身，提升人格魅力，为塑造良好心理健康教育环境提供支撑，当学生处于优越环境中时能够激发自身

兴趣与积极性，进而对其心理和思想产生影响。另外，在思想政治教育过程中要针对不同学生的实际情况使用相对应的心理健康教育内容。例如，对于大一新生，应让他们多接触和学习基础心理健康知识，帮助他们了解心理健康，并形成预防心理问题的基本能力；大二、大三学生在学业上更加紧张，也开启了考研、恋爱等事项，增加了学生在这一阶段出现心理问题的概率，这就要求思想政治教育工作者引入与这些方面相关的知识着重进行讲解，引导学生应对内心困惑和矛盾；大四学生即将步入社会，就业问题是摆在他们面前的重要问题，思想政治教育中应增加就业方面的内容，帮助大学生形成正确的就业心理，使大学生获得择业指导。心理健康知识渗透于思想政治教育中，能够拉近思想政治教育和学生之间的距离，让学生在学习中满足心理需求，为形成良好的心理素质和思想道德素质提供帮助。

（二）倡导发展性价值取向的心理咨询

我国高校对心理健康教育的重视程度与日俱增，绝大部分高校设立了心理咨询机构来应对大学生心理问题，而从实际情况来看，这些心理咨询机构并没有充分发挥自身价值，前往咨询机构咨询问题的学生数量很少，造成该机构形同虚设。主要原因是大学生对心理问题认知程度不足，心理咨询机构专业性不强，心理咨询机构工作业务存在偏差，等等。大学生在日常生活和学习中受相关因素影响而出现心理问题，如学习过程中学业压力大、恋爱不顺利、人际交往能力不足等均可能引起心理问题，而真正达到严重程度的大学生只占很小一部分。基于此，高校心理咨询工作就不能局限于应对严重心理问题，而应向广大学生开放，向他们提供发展性心理咨询。具体来说，一方面，应提升大学生对心理问题的认知程度。很多大学生在谈到心理问题时，主观上认为这是一种心理疾病或心理异常，因而不会轻易认为自己有心理问题。其实心理问题是一个广阔的概念，人们在日常生活与学习中出现的心理困惑、心理矛盾等都属于心理问题范畴，并且这类心理问题占据更大比例。可以说，心理问题存在于每个人身上，只是程度、类型等有所差异。因此，大学生应正确看待心理问题，不能将心理问题视作"洪水猛兽"。当大学生发觉自己存在心理问题时，要改变担心他人知晓的心理，而应直接面对和处理,寻求心理咨询帮助是重要方式之一。大学生对心理问题有了正确认识后,才能对心理咨询表现出正向态度,才能积极接受和认可。另一方面,要不断提升心理咨询人员的专业素质。我国心理健康教育发展时间并不长,相关研究成果较少,并且专业心理咨询人员也较为缺乏。这造成心理咨询工作水平受到局限,难以发挥良好作用。因此,提升心理咨询人员的专业素质十分必要,除了提升他们的理论素养外,还要重点关注实践素养,可通过举办培训班提升他们的心理咨询技术。一般来说,心理咨询不会涉及价值观讨论,而是以中立态度对待咨询对象。由于现实情况中很多大学生是价值观层面出现问题而导致出现了心理问题,因此心理咨询过程中应"谈价值",关键是掌握好度,如要给予大学生足够尊重,在价值观引导方面要循序渐进、注重启发,而不是一味指责或大谈价值观危害,那样会对学生心理状态产生不良影响,不利于获得理想的心理咨询效果。

(三)加强大学生的实践体验

社会实践是思想政治教育的重要形式。理论对实践具有指导作用,实践是验证理论是否正确的途径,并且能够促进新理论的形成和发展。因此,心理健康教育与思想政治教育要想更深入契合,必然离不开实践支持,只有不断实践才能克服困难和解决问题,才能获得新的发展灵感,进而为二者在契合过程中获得创新奠定基础。加强大学生实践体验要注意以下问题:一是大学生实践活动方式要符合总体教育目标要求。实践活动方式多种多样,要基于教育目标做出针对性选择,再进一步规划实践方案。实践方案的规划设计应足够严谨,要将与大学生相关的各类因素考虑进去,如此设计出的实践方案更符合大学生的实际思想和心理状态。二是打造实践基地。实践基地是开展实践活动的重要载体,实践基地稳定运行,能够保证实践活动的长期性与系统性,为大学生持续参与实践活动创造条件,让他们在实践中逐步形成稳定的思想和心理。红色革命根据地、博物馆等可成为重要的实践基地,这需要高校与这些场所负责机构进行商讨,满足高校基于实践基地举办实践活动的要求。这些场所能够在潜移默化中影响大学生的思想和心理,让他们坚定马克思主义信念,产生浓烈的爱国主义情感。三是做到持之以恒。大学生的思想和心理由某种状态向另一种状态转变需要足够的时间,如果实践活动只是象征性地开展几次，则难以起到持续熏陶和引导的作用。必须确保实践活动经常性、反复性地举办和开展，让大学生持续参与其中，促进其思想品德和心理素质持续优化和提升。需要注意的是，在保证实践活动长期开展的前提下，还要做好创新工作，确保实践活动有新意、有内涵，否则难以得到学生的认可。

三、强化思想政治教育工作者心理健康方面的知识

思想政治教育工作者要具备多项素质才能满足工作要求，具体包括政治素质、思想素质、道德素质、业务素质、心理素质等。在实际情况中，心理素质经常被忽略，这导致很多思想政治教育工作者心理素质并不过关。目前大学生心理问题日渐凸显，这要求思想政治教育工作者加大教育力度，而要想切实解决心理问题，必须充分结合心理健康教育知识。虽然我国高校基本上设立了心理健康教育机构，但教育人员通常由思想政治教育工作者兼任，专业的、专职的心理健康教育人员较为缺乏，如此一来，心理健康教育与思想政治教育的工作人员存在交叉和重复现象，导致教育水平难以得到提升。有学者对多所高校教师进行了调查，发现绝大部分教师认为心理学在教育领域发挥着重要作用，但是真正学习过心理学知识的教师却只有很小一部分。从中可以看出思想政治教育工作者仍存在诸多不足，一方面，他们因为没有专项学习心理学知识，所以心理健康教育素质不足，难以将心理健康教育知识融入思想政治教育，很多时候仍旧采取传统方式，对学生的心理问题难以做到恰当引导和干预，造成大学生思想政治教育出现盲目化现象；另一方面，面对大学生心理问题，由于专业知识不足，他们倾向于通过自身经验应对，进而陷入用思想政治教育的方式应对心理问题的误区。

为了更好地应对大学生心理方面的问题，为他们的更好发展保驾护航，思想政治教育工作者的综合素质必须得到提升，其中深入学习心理健康教育方面的知识极为重要，高校应提供相关条件，以保障教育者获得培训和提升的机会。首先，高校要充分认识心理健康教育的重要性，并成立专门部门进行负责，学校领导要统筹管理，督促相关部门切实为心理健康教育部门的正常运转提供服务。例如，为教师提供充分的培训机会，定期组织部门成员学习心理健康教育知识。在高校中，辅导员和班主任与学生关系最近，并且在学生管理和教育中起着重要作用。

辅导员和班主任应进行充分培训，切实提升心理健康教育素质，以在学生心理素质培养方面发挥更大作用。目前很多高校中的辅导员是刚毕业的年轻学生，他们精力旺盛、工作热情高，但是存在理论不足、经验匮乏等问题，因此向他们提供专项培训是极为必要的，这有助于提升他们的工作能力，为更好地开展思想政治教育和心理健康教育作贡献。其次，思想政治教育工作者和心理健康教育工作者应充分交流沟通。这两类工作人员在工作方法、工作思维等方面存在差异，看待学生问题时也存在角度差异，当他们能够做到充分交流时，则有利于综合各自优势，促进工作方法得到优化和创新。最后，高校要积极借鉴其他学校的成功案例，逐步积累经验，而后在实践中进行验证。心理健康知识的学习应向常态化发展，确保思想政治教育工作者及时获得最新知识，这有利于增强他们的心理健康教育素质，在教育工作中表现得更好。

四、加强学生骨干队伍的培养

思想政治教育担负着培养思想政治素质扎实的优秀人才的重要使命，完成这一使命需要建立在打造优秀师资队伍的基础上。考虑到思想政治教育的特殊性，除了依靠师资队伍外，还应打造一支优秀的学生骨干队伍，与师资队伍形成合力。学生骨干队伍具有双重角色，既是受教育者，也是教育者，这样的身份使他们成为思想政治教育工作者和大学生之间的连接纽带。一方面，他们可发挥"情报员"作用，对大学生思想和心理状况进行了解，而后传达给思想政治教育工作者，让他们更有效率与有针对性地应对学生出现的心理问题和思想问题。另一方面，他们在朋辈教育中充当着重要角色。朋辈教育中，教育者和受教育者地位平等，可以更好地交流互动。当学生在日常生活中遇到小矛盾、小困惑时，学生骨干队伍能够同他们一起克服和应对；有些学生性格内向，不善于表达，学生骨干队伍可以通过交流了解他们的心声，然后传达给教师，让教师间接地帮助和引导他们。很多大学生在遇到困难和挫折时，更加倾向于寻求周边同学和朋友的帮助，高校打造一支学生骨干队伍，是为了借助同学的亲和力帮助大学生。学生骨干队伍在发挥"情报员""传话者"的作用时，也能在潜移默化中提升自身的思想道德素质和心理素质，并且不断积累工作经验，为日后成为辅导员队伍的中坚力量做好准备。

在选拔学生骨干时要足够严格：首先，要具备良好的道德品质。思想政治教育将提升大学生思想品德水平作为重要目标，学生骨干具备良好的道德品质，能够在班级中发挥表率作用，让其他学生学习和效仿。其次，要具备良好的心理素质。学生骨干要想帮助其他同学解决心理问题，那么骨干的自身心理素质就必须过关，这样才能给予其他同学正确引导，帮助他们应对和解决心理问题。再次，要具备发展潜力。大学生具有很强的可塑性，在选拔学生骨干时要选择一些具有发展潜力的学生，如管理潜力、组织潜力、协调潜力等。最后，要具备一定的工作能力。学生管理工作和教育工作极为烦琐，这要求相关工作人员保持足够的耐心，并且具备应对各种情况的工作能力。学生骨干要想在学生管理和教育中发挥相应作用，也要具备一定的工作能力，如关系协调能力、领导能力、创新能力等。总之，学生骨干选拔是严格的，不能随意决定。选拔过程要保持公平、公正，也要尊重学生的意愿。当选拔完成后，应给他们提供实践的机会，让他们在实践中获得成长和提升。另外，要制定完善且健全的激励机制，激发学生骨干的工作热情和自信心。学生骨干的培养是做好思想政治教育工作的重要途径，应得到高度重视，培养的过程中学生骨干队伍的身心素质也会不断提升，切实成为心理健康教育与思想政治教育得以契合的推动力量。

五、将心理健康教育知识充分融入网络思想政治教育载体

网络时代，大学生是重要的参与者和应用者，网络已经与大学生的日常生活紧密融合，且不断发挥着应有的作用。思想政治教育和心理健康教育应借助网络力量创新教育过程，如利用网络技术营造良好的教育环境，让学生获得丰富的教育资源，等等。网络的影响有好也有坏，这主要体现在两方面：一方面，传统的思想政治教育在网络时代遇到挑战；另一方面，网络为思想政治教育提供多种支持，如新的工具、新的技术等，有利于思想政治教育的革新。目前很多高校创建了思想政治教育网站，但是这些网站主要用于宣传思想政治教育理论，很少融入心理健康方面的知识，因此学生登录这些网站往往是为了了解和学习相关理论，而无法借助网站中的知识应对实际问题。因此，创新网络思想政治教育是必要的，而重塑思想政治教育网站面貌是重要途径。

　　首先，思想政治教育工作者的知识结构要进行革新，将心理健康方面的知识作为重点学习内容，同时学习和掌握网络相关知识和技术，但这类知识终究是一种工具，更为关键的是提升心理健康教育素质。高校思想政治教育工作者要发挥网络载体优势，在教学过程中巧用网络工具，丰富教育资源，如充分利用网络媒体的可视化这一特点，将生动形象的教学内容展现给学生，促使学生更积极地学习。网络道德构建要从使用者开始，思想政治教育工作者在网络上要规范自身言行，而后引导学生在网络上保持理性，不跟风，不传谣，不盲目附和，使之拥有自己的判断和认知。虽然在网络上也能获得心理健康方面的知识，但教育者要提醒学生注意网络带来的负面影响。

　　其次，从网络上获取的思想政治教育内容丰富多样，很多与大学生实际紧密相连，学生学习和掌握这些内容可以切实提升他们解决实际问题的能力。教育部着重强调校园网络要发挥为大学生学习和生活提供服务的价值，并且经过进一步优化增强校园网络教育和引导的功能，在拓展大学生思想政治教育渠道和空间方面发挥重要作用。思想政治教育融入心理健康方面的知识需要一个过程，网络可充当中介角色，因为网络在当今时代无处不在，大学生在人际交往、谈恋爱、就业等方面均会用到网络，在实际运用过程中，可以积少成多，积累更多心理健康知识，进而提升心理健康素养。

　　再次，思想政治教育内容和形式要得到创新。传统思想政治教育存在教育方式与方法单一枯燥、生硬无趣等问题，而网络技术可以促进教育方式与方法的革新，但归根结底要转变思想理念，才能使新方法和新方式切实摆脱传统局限，发挥更大作用。心理健康教育也能在网络支持下形成丰富多样的方式与方法，确保知识内容以生动有趣的形式呈现。有的教育者与学生通过微博、BBS等关注当下热门话题，有的教育者通过社交软件与学生线上交流，有的教师在了解学生心理问题后通过电子邮件来发送指导性内容，这些做法拉近了教育者与学生之间的距离，使之拥有了更多的共同话题，并且学生能够被足够尊重，使网络技术支持下的教育方式更受欢迎。当教育者与学生通过网络实现随时随地交流互动时，教育者可以及时了解学生的心理状态，而后做出针对性引导，高效率地解决学生出现的思想问题和心理问题。

最后，思想政治教育网络化建设需要多种人才支持。教育者是"主心骨"，维持思想政治教育在网络化道路上不偏离方向，其他人负责相关工作，如网络技术人员负责网络平台创建、维护等工作，关系协调人员负责思想政治教育与其他部门建立良好的合作关系。

六、有效推进思想政治教育与心理健康教育环境建设

（一）营造和谐的家庭环境

家庭是人们出生后接触的第一个场所，对人诸多方面的发展产生深刻影响。家庭环境积极向上、温暖健康时，人们会获得良好的心理感受，出现心理问题的概率降低；反之，当家庭环境恶劣、家人关系不和睦时，人们会出现各种各样的心理问题，甚至想要逃离家庭。因此，营造良好的家庭环境十分重要，不仅对大学生的成长产生重要影响，而且为开展大学生思想政治教育提供有力支持。营造和谐的家庭环境应从以下几方面入手：一是父母要养成不断学习的习惯，通过学习掌握更多心理健康知识，这有利于提升家庭成员的心理健康水平，也能为父母引导子女心理健康提供支持。父母是孩子的第一任教师，孩子在幼年时期具有极强的模仿能力，会对父母行为进行模仿，因此父母必须注意自身言行举止，否则会给孩子留下不良印象，导致其模仿不良行为。父母的价值观念在日常生活中会潜移默化地传递给孩子，而价值观念很难改变，因此在成为父母之前，人们要注重价值观的塑造，尽量形成正确的、积极向上的价值观。父母对孩子的影响是深刻的，父母应注意到这一点，自觉加强自身素质培养，尤其是道德素质和心理素质要成为培养的重点。二是父母要认识到孩子的成长规律，在教育孩子时避免主观且武断的干预。在具体教育过程中，父母要养成与孩子交流沟通的习惯，当孩子出现问题或犯错误时，不要直接批评，而是静下心来与孩子进行沟通，并从孩子的角度思考问题。这样有利于找出问题的根源，而后有针对性地解决。三是家庭日常生活要提升质量。日常生活的影响力是强大的，如日常生活中的家庭氛围、家庭成员关系、生活习惯等能够在潜移默化中影响孩子，而要想日常生活发挥正

向影响作用，必须注重提升质量，如家庭成员关系要更加和睦融洽，家庭生活中的不良习惯要及时改正。

（二）优化学校环境

学校是重要的育人场所，学校环境会对心理健康教育和思想政治教育契合效果产生重要影响。良好的学校环境能够给予大学生更好的心理感受，促进大学生更好成长，尤其是在思想和心理方面维持健康。高校在学校环境优化方面需要做很多工作，要注意使各项工作形成一个整体，以充分发挥其作用。环境包括多种因素，不同因素之间存在相应联系，共同对大学生产生影响。优化学校环境应做到以下几点：首先，高校要提供充足的财力、物力、人力支持学校环境建设工作。心理健康教育和思想政治教育在建设过程中要获得充足的资金保障，这样教师队伍培训才能切实开展，进而有力提升教师队伍的素质水平；思想政治教育人员的福利待遇和社会地位要得到提升，这有利于调动他们的工作热情，进而提高工作效率；要及时配备先进的仪器和设备设施，在应对大学生思想和心理问题时可以发挥作用。其次，高校要加强校园文化环境建设。校园文化是一种反映高校师生思想、价值取向和行为方式的亚文化，校园文化建设需要剔除不良内容，同时大力引入优秀内容，确保建设积极健康、活力向上的校园环境和文化氛围，然后在潜移默化中促进大学生健康成长。校园文化建设要从多个方面入手，校风、学风、宿舍文化均是重要切入点。再次，高校要加强对校园自然环境和周边环境的治理。当人们生活在优美的自然环境中时，视觉上能够获得良好体验，而后进一步刺激内在意识，深入感受美，使身心舒畅，心理层面愈加积极。校园周边环境也应得到良好治理。"孟母三迁"的故事告诉我们周边环境的重要性，对高校来说，要通过积极治理举措来推动周边居民素质提升，并促进网吧等娱乐场所规范运行，降低大学生在周边活动时的负面影响。最后，高校要不断强化教育工作人员服务育人的意识。教育工作者是育人大业的重要主体，但并不是说育人之责完全由教育工作者担负，其他教育人员也要参与其中，如后勤人员、管理人员和行政人员等。他们的工作内容往往与大学生的日常生活息息相关，他们在工作中表现出的态度、行为方式等会对大学生产生重要影响。当这些教育人员态度较差、行为方式较粗鲁时，会对学生心理造成创伤，学生在校园环境中表现出害怕情绪，直接或间接地使学业成绩受到影响。这些教育人员要树立服务育人意识，对待学生应和和气气，尽心竭力地为他们提供应有服务，而当大学生出现不良行为时，教育人员不能冷眼旁观，而应积极进行交流与引导。

（三）净化社会环境

社会环境会对大学生产生多种影响，这在实际情况中已经得到验证，如我国改革开放以后，社会经济、政治、文化等方面均发生了很大变化，大学生在这样的环境中形成的世界观、人生观、价值观也产生了极大改变，其中既有积极变化，也有消极变化。从消极方面分析，大学生心理问题日益增多。大学生是民族发展和国家建设的重要力量，保证他们健康成长是一项千秋大业，全社会都应参与其中，负起相应责任。例如，社会各界力量要积极配合高校思想政治教育工作，通过提供社会资源为教育工作高质量开展提供保障，进而促进大学生综合素质的全面提升。社会环境净化也是社会各界的责任，首先，优化道德环境。社会各界力量要主动抵制外来负面文化思潮的冲击，通过大众媒体弘扬社会主义主旋律，促进我国优良道德作风融入社会。政府机构要开展更具权威性和影响力的社会道德模范评选工作，并为被评选人员提供多种奖励，在社会范围内形成向社会道德模范学习的良好氛围，同时加强立法，对破坏社会道德的行为给予严厉惩罚。其次，净化经济环境。政府要出台严格的法律法规，对经济发展的错误行为进行惩罚，消除"一切向钱看"等错误思想观念，引导整个社会形成正确的物质观和金钱观。大学生可从中受到正面影响，在做人做事过程中行得正、立得直，不触碰非正当利益，而是堂堂正正地做人，通过自身劳动获得正当利益。最后，优化文化环境。文化的影响力是深刻的，在潜移默化中让人的思想、行为发生改变。心理健康教育与思想政治教育的契合离不开文化的影响，当整个社会形成以社会主义核心价值体系为中心的文化氛围时，教育者和大学生就能够坚持正确方向，从而获得更好的教育效果。中华优秀传统文化也要得到大力倡导，确保其得以传承下去，持续给现代人精神领域带来营养，促进大学生精神品质得到提升。净化文化环境离不开制度支持，政府要建立健全文化市场管理制度，剔除不良之风，弘扬中华优秀传统文化，为推进社会主义精神文明建设提供更强助力。

（四）实现家庭、学校、社会的有机统一

家庭、学校、社会均对大学生思想和心理状况产生影响，它们在发挥作用的同时也产生联系，因此在环境建设中不能只从某个方面入手，而要统筹考量、统一规划。学校要与家庭加强联系，一方面，可帮助教育者对大学生进行全面了解，在分析大学生思想和心理问题时做到有的放矢，制定针对性更强的解决之策；另一方面，父母能够对大学生在校情况更加了解，及时对大学生的心理问题和思想问题进行干预。社会要与学校加强联系，这样能够向学校提供正确的价值导向，并提供人力、物力、财力等支持，为高校推动心理健康教育与思想政治教育进一步契合作贡献。社会要与家庭加强联系，如有的大学生家庭困难，社会力量需要提供帮助，帮助其完成学业。总之，家庭、学校、社会要建立紧密联系，通过"三位一体"过程实现整合和优化，进而为心理健康教育与思想政治教育更好契合提供支撑，也为大学生全面发展提供帮助。

第九章　思想政治教育基础上心理健康教育模式探究

第一节　思想政治教育基础上心理健康教育模式分析

思想政治教育基础上心理健康教育模式构建需要做好科学定位，在具体规划设计中要注重内部结构完整，教育目标、教育原则、教育内容、教育途径、教育机制均要囊括其中。下面进行具体分析。

一、教育目标——培养全面发展的时代新人

在大学生思想政治教育开展过程中，必须深入结合大学生思想状况，才能有力地提升大学生的思想政治素质；大学生心理健康教育要关注大学生的心理状况，将人格塑造作为重点，进而激发大学生的个性潜能。大学生思想政治教育与心理健康教育在目标上具有一致性，这成为二者融合的重要支撑。基于思想政治教育的心理健康教育具体可设置三个层次的目标，分别为提高心理健康意识，促进心理健康发展；提升心理健康素养，促进心理潜能开发；实现社会主义核心价值观引领，培育全面发展的时代新人。

（一）提高心理健康意识，促进心理健康发展

大学生保持良好的心理状态，能够在成才、成长的道路上走得更顺利、更稳健。因此要引导大学生树立心理健康意识，让他们更加关注自身心理健康水平，当出现心理问题时及时干预与处理，避免进一步恶化。高校心理健康教育工作者要做好本职工作，一方面，为大学生提供帮助，让他们逐步消除心理问题，保持良好的心理状态，还要与大学生建立良好的沟通互动关系，及时了解大学生存在的心理问题，为及时预防和干预提供支持；另一方面，要提升大学生心理健康意识，激发大学生对心理健康教育的重视程度，从而积极掌握与心理健康相关的各类知识和技能，进而学会自我心理保健，做自己心理维护的主人。

（二）提升心理健康素养，促进心理潜能开发

大学生心理健康意识得到夯实后，可以为提升心理健康素质打下基础，进而帮助大学生保持良好的心理状态，为心理潜能开发打下基础。大学生具备良好的心理素质，在学习和生活中就能够保持和谐心态，更好地应对诸多压力，并且深入了解自身诉求，有利于找到更适合自己的发展道路。提升大学生的心理素质，可以增强大学生的自我认知水平，使其了解自身优势和劣势，进而扬长避短，而具体到情感品质和意志品质培养中，大学生如果能够充分展现和应用自身优势，则可以保持心理状态与行为处于良好的平衡状态中，有利于这两种品质获得良好培养。现代社会追求和谐，人们的心理越和谐就越能为营造和谐社会关系提供服务。大学生心理潜能的开发离不开良好心理素质的支撑，拥有良好心理素质的大学生能够在学习和实践中更具自主性，这有利于其形成强大的心理能量，促进个体更好发展。

（三）实现社会主义核心价值观引领，培育全面发展的时代新人

高校心理健康教育要担负引导大学生形成健全人格的任务，健全人格具有发展平衡、健康和谐等特征，大学生在学习和实践过程中要实现均衡发展，成为德智体美劳全面发展的优秀人才，切实担负起国家建设重任。人的自由与全面发展是马克思主义重要观点，现代教育在这一观点的指导下得到改进和优化。其中，心理健康教育形成了以立德树人为根本、坚持理想信念教育为核心的指导思想，在引导大学生全面发展方面发挥了重要作用。社会主义核心价值观也要融入其中，让大学生能够正确认识和判断已有的社会现象。这有利于大学生形成平和心态，减少焦虑、烦躁等不良情绪，进而在发展中保持良好状态，除了人格上更为健全外，还能在个性发展和综合素质全面发展方面获得良好成效。

二、教育原则——坚持我国高校德育特色

高校心理健康教育要在相应的原则下开展和运行，保障教育进程规范化。教育原则在不断实践和探索中有所革新和改进，进而促进我国高校心理健康教育的发展。

（一）坚持以人为本，尊重学生的主体地位

高校心理健康教育在开展过程中，要将以人为本作为重要指导思想，确保大学生处于主体地位，所有教育策略都要围绕大学生来制定，这有利于调动大学生自我教育与管理的积极性，在自主成长和自主发展方面获得良好效果。大学生是教育主体，也是高校心理健康教育的落脚点，这是以人为本要求下所要实现的目标。具体来说，高校心理健康教育开展过程中要尊重大学生的主体地位，发掘大学生的长处和优势，让大学生在教育中感受到自身价值，同时也要挖掘大学生的心理问题，而后采取针对性策略进行引导，使大学生心理问题得到缓解的同时也能逐步掌握应对心理问题的方法。拥有良好心理状态和具备保持良好状态的能力是成为优秀人才的重要前提，因为这样的人能够做好自我教育，懂得通过自我启发、自我体验，进而推动自我发展。以人为本思想不仅强调大学生的主体地位，而且教育主体地位也不能忽视。教育者要在教育过程中展现更强的主体性，更积极、更深入地了解大学生个体差异与心理需求，进而革新引导策略，实现激发大学生能动性的目标。

（二）坚持育人导向，突出价值引领

心理健康教育活动遵循育人导向原则，将培养优秀的、全面发展的人才作为核心目标。社会主义核心价值观要在育人过程中得到体现，目的是引导大学生树立与社会发展相契合的价值观，并且在政治立场和政治方向上保持坚定和正确。大学生正处于青年时期，价值观尚不成熟，在面对价值冲突时往往会感到迷茫无助，进而出现心理矛盾，导致心理问题发生。对大学生进行价值教育和引导是极为重要的，该方式是通过价值干预过程缓解大学生心理矛盾和冲突，心理健康教育应对此有所借鉴，将心理引导方式与价值引导方式相结合，使价值引导更具人文关怀，更能深入大学生内心，得到他们的高度认可。

（三）坚持以发展为主，注重可持续性

高校心理健康教育要坚持以发展为主，主要表现在以下两方面：一方面，确立大学生成长、成才的发展目标。在这一目标下，教育者要充分了解大学生身心发展特点和规律，采取具有针对性的教育策略，在引导大学生掌握相关知识和技能的同时，也能在心理潜能挖掘方面有所成效。另一方面，确保高校心理健康教育工作持续进行，不能只为解决某个心理问题，或者不能将总结的经验和教训奉为圭臬。大学生处于不断变化发展中，心理需求也在变化，心理问题也会出现新的类型，这要求心理健康教育不断调整和革新，最大限度地满足现实需求，做到与时俱进。我国高等教育将大学生成长成才作为重要目标，这推动心理健康教育逐步由干预严重心理问题转变为发展性教育。可以说，发展性原则是高等教育的必然选择，也是心理健康教育模式发展的重要准则。

（四）坚持系统整合，形成教育合力

事物之间存在相关联系，而要将不同事物联系起来，则需要遵循系统整合原则，具体到高校心理健康教育中，也要在系统整合原则下融入其他学科知识。高校心理健康教育工作应向"三全育人"发展，调动高校内部所有力量参与到育人工作中，这样能够形成更强教育合力，进而推动相关管理工作密切配合与衔接。这有利于营造良好的教育氛围，这样大学生可得到良好熏陶，有利于健全人格的养成，也能够促进大学生全面自主发展。大学生心理素质的培养要从长计议，不能追求速成，也不能只从某几个方面入手，而要开阔视野，将相关力量全部联合起来，如家庭、社会要与学校联合，确保学校举办的相关活动得到多种资源支撑，具有全面性，进而提升大学生的综合素质。

（五）坚持科学规划，勇于改革创新

高校心理健康教育要有科学规划。例如，要遵循大学生身心发展规律和心理健康教育规律，如此才能保证心理健康工作科学开展，并为形成更为完善的心理健康教育模式奠定基础。教学内容和教学实践要得到合理安排，不能太过功利化和目标化，而要一步步前进，保证每一步都能夯实，这样才能切实提升大学生心理素质，帮助大学生更有效地应对思想问题、心理问题和行为问题。高校心理健康教育革新离不开实践支持，因为实践既是检验真理的唯一标准，也是获得新内容、吸取新材料的重要途径。通过实践，心理健康教育的方法、内容、机制等都能得到优化，有利于创新。教育队伍建设也要确保合理性，建设方式要与时俱进、动态革新，培训内容要形成多个层次，满足不同层次教育人员的需求，切实提升他们的专业技术能力，进而在心理健康教育中发挥更大价值。

三、教育内容——培育理性平和的健康心态

教育内容是在教育目标指导下进行设定的。教育内容要具有针对性，大学生学习和吸收教育内容，能够运用教育内容应对心理矛盾和困扰，进而促进心理素质进一步发展，人格进一步完善，潜能进一步开发。

（一）以立德树人为根本，推进心理知识教育

高校教育要贯彻立德树人根本任务，具体到心理健康教育中，教育者要向大学生传达心理健康教育基础知识，让他们对心理健康更加了解和认识，逐步将知识变为自身能力。在立德树人要求下，心理知识教育离不开课堂教学和课外实践两个途径，当心理知识教育得到良好开展后，一方面能够引导大学生树立正确价值观，塑造良好道德品质，在学习、生活和工作中保持正确做法，而这也能起到坚定学生理想信念的作用，让他们更加明确自身的责任和使命，进而严格要求自己，保持积极向上的精神状态，从而让大学生深入认知心理素质在成长过程中的重要性，进而有意识地提升和夯实；另一方面能够引导大学生深入认识自我，对心理活动变化保持正确态度，进而选择更适宜的方式进行自我心理保健，这有利于培养大学生自觉保持心理健康的良好习惯。

（二）育心育德相统一，完成心理发展课题

高校心理健康教育要帮助大学生梳理心理活动，找出对心理状态造成困扰的因素，而后采取具有针对性的引导方式降低这些因素的困扰作用。这一过程既是育心也是育德。当育心与育德相融合，大学生的心理状态、德行状态就能达到更优层次。一是心理健康教育工作者要对心理现象、心理问题等产生的原因进行分析，而后让大学生自查，判断自身是否存在心理异常。教育者还要引导大学生正确对待心理异常，不需要太过担心和焦虑，只要按照科学方式处理就能实现扭转。二是心理健康教育工作者向大学生讲解具体的应对方法，并为大学生提供实践空间，让大学生得到训练，更好地掌握和应用相关方法，进而自主应对心理困惑和问题。三是心理健康教育工作者要基于不同的大学生心理特点采取针对性教育方式，而不能走笼统化道路。

（三）注重人文关怀和心理疏导，培养积极健康心态

高校是育人之地，是大学生成长成才的重要基地。高校向大学生提供多方面支持，如教学条件、科研资源等，大学生在获取相关资源后，能够在自主空间进行实践锻炼，通过自身努力促进人格完善健全。高校心理健康教育内容要紧紧围绕教育目标来构建，从培养大学生优良心理品质入手，教育内容中要融入心理疏导、人文关怀等方面的知识，让大学生在学习和实践过程中转化为各种能力，如适应能力、学习能力、人际交往能力、情绪管理能力、抵抗挫折能力等，并且在人生态度上有所升华，对生命、对生活、对他人等均能保持积极向上的态度。大学生心理潜能也能得到充分激发，变得更加积极，包括发展目标积极、发展方式积极等，为大学生个性全面发展提供支持。

四、教育途径——运用"四位一体"工作方法

教育途径的作用是保障教育内容有效实施，这要建立在教育途径足够科学合理的基础上。高校心理健康教育途径选择必须紧密贴合学生实际，同时也要关注学校实际，如此教育途径才能更顺利地实施，帮助教育者实现教育目标。思想政治教育基础上的心理健康教育要走"四位一体"道路，即宣传教育、实践活动、心理咨询、心理危机预防和干预四方面工作密切配合。

（一）宣传教育全面覆盖

宣传教育是高校心理健康教育的主要途径之一。通过宣传能够促进心理健康知识广泛传播，在大学校园内更加普及，为心理健康教育向大学生渗透奠定基础。高校宣传教育形式要丰富，不能局限于课堂教学。从实际来看，课堂教学长期以来是高校进行心理健康教育宣传的重要途径，其主渠道地位已然奠定。高校可以在坚守主渠道的前提下，不断丰富宣传方式。例如，在网络时代可以借助网络技术优化宣传模式，如创建心理健康教育网站、开设心理健康教育自媒体账号等。课堂教学主渠道的作用要得到夯实。又如，在课堂教学中，教师在传播心理健康教育知识的同时，也要有意识地为大学生心理体验和行为训练创造空间，让大学生更加深入地认识和了解心理健康教育。

（二）教育实践求创新

实践活动要充分应用于高校心理健康教育中，并且通过不断创新丰富实践内容，使形式更为多样。对于大学生来说，实践活动能够调动他们的主观能动性，在学习心理健康知识时更加积极；对于学校来说，实践活动能够为校园文化建设作贡献，营造积极和谐的校园文化氛围。总之，实践活动具有重要的教育价值，有利于提升心理健康教育的实效性。在实际情况中，有的高校定期举办"心理健康教育月"活动。在活动期间，高校组织丰富多样的实践活动，而这些活动不仅有利于增强大学生心理健康素养，而且能起到锻炼大学生相关能力的作用。

（三）咨询辅导专业化

高校心理咨询与辅导从实质上看也是一种教育活动，在该活动中，心理咨询师充当教育者角色，他们运用专业理论和技术帮助大学生消除心理问题。除了专业能力外，心理咨询师还要具备教育活动组织和设计能力，设计出既能发挥心理辅导作用又能吸引大学生积极参与的活动。目前，很多高校在个体心理咨询中采用一对一的面谈方式，而随着网络技术得到应用，线上交流方式逐步得到应用。个体心理咨询主要是为遇到心理困扰或有强烈心理冲突和矛盾的大学生服务的，帮助他们逐步消解不良情绪，恢复正常心理状态；团体咨询相较于个体咨询在发展性咨询方面更加出众。大学生参与其中能拥有更多自由表达自身观点及和其他团体成员、咨询师等进行交流沟通的机会，这有利于营造良好的环境氛围，让大学生在潜移默化中改变心理状态，提升团队意识，为大学生未来发展提供助力。

（四）危机干预标准化

大学生心理危机预防和干预是心理健康教育的重要内容之一，也是心理咨询和辅导的重要模式之一。这一模式主要为心理问题较为严重的大学生服务，引导他们逐步平息心理矛盾和冲突，回归内心平衡状态。在实际情况中，很多大学生因为严重的心理问题而造成行为失常，出现伤害他人或自我伤害等行为，因此对这类大学生进行干预是极为必要的。很多高校在危机预防中，首先对大学生进行心理普查和测评，目的是评估大学生心理健康状况，而后生成档案，为更快掌握大学生心理变化规律提供支撑；接着对有心理危机倾向的大学生进行重点观察，一旦发现心理异常，便启动干预机制，确保大学生逐步恢复心理平衡状态。严重的心理问题往往不是瞬时而发，而是经过了一定时间的积淀，因此高校必须建立完善的心理危机预防和干预机制，在大学生心理问题刚出现苗头时及时应对，避免其发展，而对于严重的心理问题，则要不断革新心理危机干预专业水平。

五、教育机制——建立健全教育"三大机制"

教育机制越完善，高校心理健康教育越能规范化发展，进而获得更理想的教育效果。教育机制优化过程中，组织机制、保障机制和运行机制是重要内容，其中组织机制是对领导、管理等工作进行约束和完善，保障机制是对人力、物力、财力等支持工作进行指导，运行机制是对具体工作实施进行指导。

（一）建立健全的组织机制

高校心理健康教育工作要想顺利推进，离不开健全的组织机构和相关制度的支撑。具体来说，心理健康教育组织机制包括工作领导机制、工作网络和管理机制等。高校要成立专项心理健康教育部门全盘负责和管理心理健康教育工作，该部门要按照要求配置组织人员，并且搭建工作网络关系，确保心理健康教育工作能够与其他工作良好配合和衔接。在领导设置方面，要安排主管领导全面负责，并安排相关项目的分管领导，他们的职责和工作范围要在组织体制中得到明确呈现，确保领导之间良好沟通，以及相应领导负起自身责任。工作队伍建设也属于组织机制优化范畴，要做到明确细化，保障每个环节都有据可依。

（二）投入有力的保障机制

高校心理健康教育保障机制主要包括工作评估与监督机制、专业督导工作机制、条件保障机制等。高校开展心理健康教育要得到各种资源支持，如经费投入、硬件投入等，而且要将这些投入落实到位，具体的落实工作需要依托相关机制保驾护航，除了基本的经费拨款外，还应设置"专款"以应对心理健康教育发展过程中出现的意外情况。其中，心理咨询室、团体辅导室、心理素质拓展场地、资料室的构建需要经费支持，而随着相关工作的进一步专业化，设备设施、专业人才等方面需要进一步增加，此时专项经费就能发挥作用。经费不能盲目投入，需要依据相应标准进行投入。因此在保障机制中，评估机制就能发挥这一作用，该机制要与监督机制相结合，确保评估工作科学合理开展，进而得出科学有效的评估结果。

（三）科学规范的运行机制

运行机制是否健全影响着高校心理健康教育工作能否正常开展和运行。一般来说，构建心理健康教育运行机制需要注重细节塑造，关注细节及细节方面存在的风险，进而确保心理健康教育高质量运行。具体来说，课程体系、实践活动体系、心理咨询辅导体系、心理危机预警和干预体系等是运行机制构建的重点内容。随着时代发展，高校心理健康教育呈现新的要求，这就需要进一步革新运行机制。总而言之，运行机制构建要以专业化、法规化、标准化、系统化为目标，才能更好地保障心理健康教育工作良性运转。

第二节　思想政治教育基础上心理健康教育模式构建对策

一、模式构建——适应和把握心理育人新常态

模式构建是一项系统工程，需要充分考量相关要素，而后制订科学规范的融合方案，确保模式构建效果更佳。新时代高校心理健康教育模式构建要充分考虑思想政治教育，从心理视角和思想政治视角考量心理育人新常态，并以"三全育人"为指导思想探索全员、全过程、全方位育人机制与平台。基于此，高校心理健康教育能够拉近与大学生的距离，在教育开展过程中深入学生内心。基于思想政治教育的高校心理健康教育模式构建不能违背思想政治教育整体框架和目标，应以心理健康教育规律为重要指导，更为关键的是充分考量大学生成长、成才的实际需要，在模式构建中设立多层次目标、丰富多样的教育内容和教育途径等。

（一）模式指标体系设计与构建

本书在研究模式指标体系时参考了大量有关教育学模型构建理论和相关文献资料，最终基于 CIPP 模式（由 context evaluation，input evaluation，process evaluation，product evaluation 共同构成）提出了一系列指标标准，具体包括一级指标 4 项、二级指标 9 项。表 9.1 对指标内容进行了详细阐述。

表 9.1 基于 CIPP 模式提出的模式指标

一级 指标	二级 指标	指标描述
科学性	合理性	（1）高校发展的外部形势分析:高校教育国际发展趋势;国内政治、经济、文化等政策及形势分析;不同高校发展状况分析。 （2）高校发展的内部现状分析:高校运作现状分析;高校自身优势与发展问题分析。
	规范性	（1）专业化水平:队伍建设的专业程度;教育内容的专业化程度。 （2）法规化程度:教育实施的合法性;教育实施的合规性。 （3）标准化水平:教育机制的标准操作水平;教育内容的标准化水平。 （4）系统化程度:纵向、横向工作网络一体化程度;教育目标、内容、途径等系统整合程度。
可行性	契合度	（1）教育任务、路径等与上级目标的契合度:体现国家相关政策文件精神;符合学校教学改革规划、人才培养体系等要求。 （2）教育任务、路径等与学校资源能力的契合度:学校内部人力资源支撑状况;学校内部物力资源支撑状况;学校内部财力资源支撑状况。
	保障度	（1）生源保障:学生数量;学生质量。 （2）物力保障:教学产品、设备;科研产品、设备;场地环境。 （3）人力保障:教师资源;行政人员资源;后勤资源。 （4）机制保障:组织机制保障;运行机制保障。
执行性	控制度	（1）教育认同:领导对教育执行的重视程度;执行人员对教育目标、内容的理解程度;教育目标、任务分解合理程度。 （2）教育控制:教育动态、跟踪机制完善程度;教育评估机制完善程度;教育激励机制完善程度。 （3）教育保障:沟通协调机制顺畅程度;具体工作政策保障程度;人力、财力、物力等资源到位程度。
	完成度	工作执行进度:执行是否按预定计划推进;学科专业建设进度;人才培养规划进度;师资队伍建设进度;科学研究进度;其他基本建设进度。
	调整度	工作监督调整:外部环境变化分析;执行情况分析;动态调整机制运行分析。
有效性	目标 达成度	工作完成情况:工作是否顺利完成;学科专业建设完成情况;人才培养计划完成情况;师资队伍建设完成情况;科学研究推进状况;其他基本建设完成状况。
	满意度	工作效果认可度:教师认可度;学生认可度;学校其他人员认可度;社会认可度。

高校心理健康教育要得到系统构建，将教育内容、教育过程、教育结果等进行科学优化，并做好监控和评估工作，确保这些内容达到较高质量。CIPP 模式在动态管理模式构建方面有诸多优势，并且有很多实践经验可以借鉴，因此选择 CIPP 模式构建基于思想政治教育的高校心理健康教育工作模型能够获得更优效率和效果。以下对指标内容进行介绍。

1. 科学性指标

科学性指标主要是对高校心理健康教育模式的背景进行评价，而要想获得良好的评价效果，需要对社会背景和环境条件进行分析与研究。首先要确定社会背景，并了解受益人需求；其次要明确受益人面临的问题，判断资源供应是否充足，计划方案能否顺利实施；最后要判断目标与受益人需求之间的关系，如果切实满足则意味着目标具有可行性。高校心理健康教育模式背景评价主要包括高校功能、高校内外部环境、高校发展前景、高校定位等内容。该指标能够呈现高校科学性程度，反映高校在构建心理健康教育模式方面达到的合理和规范程度。

2. 可行性指标

可行性指标主要是对高校心理健康教育模式进行评价。该评价是在背景评价基础上，对目标内容所需的各种条件和资源进行评估，进而确定相关方案是否具有可行性。评价过程既具有评估作用，也具有筛选功能，能够帮助评价主体选择更合适的行动方案。高校心理健康教育模式构建可行性指标分为契合度和保障度两个二级指标。契合度衡量的是行动方案与高校制定心理健康教育目标的契合程度；保障度衡量的是高校资源能否满足行动方案要求。

3. 执行性指标

执行性指标更重视过程性指标获取，目的是获得更科学的过程评价结果。过程评价能够动态审视行动方案的实施过程，当出现问题时可以及时得到反映和反馈，并为改进方案或调整实施策略提供依据。构建高校心理健康教育模式不能只看静态结果，还要从动态视角对各种情况进行审视与审查，如工作进程是否到位、资源供应是否充足、方式方法是否可行等。最终工作效果也是重要评价对象，它能够更好地反映行动方案执行情况。基于思想政治教育的高校心理健康教育模式执行性指标包括控制度、完成度、调整度三个二级指标。从这三个二级指标着手能够更细致地展现教育工作情况。

4. 有效性指标

有效性指标是对模式结构进行评价。评价结果具有阐释作用，能够帮助评价主体做出判断。高校心理健康教育模式有效性指标包括目标达成度和满意度，其中目标达成度偏向客观调研和判断，而满意度具有一定主观色彩。

（二）模式系统整合与构建

前文对基于思想政治教育的高校心理健康教育模式内部元素进行了阐述与分析，此处研究模式系统整合与构建要从内部元素入手，而在构建过程中要使教育目标、教育原则、教育内容、教育途径、教育机制等与上述指标进行结合，表9.2为内容结合后所呈现的高校心理健康教育模式。

表9.2 基于思想政治教育的高校心理健康教育模式

指标结构		教育目标	教育原则	教育内容	教育途径	教育机制
科学性	合理性	（1）新时期思想政治工作形势；（2）我国高校德育特色；（3）高校心理健康教育从"医学模式"向"教育模式"转型与发展；（4）大学生心理发展规律和普遍要求。	（1）顺应高校发展外部社会形势变化，坚持以人为本；（2）满足高校发展内部现状需求，坚持发展为主。	（1）符合新时期高等教育立德树人根本任务；（2）顺应高校心理育人体系格局；（3）符合高校开展教学活动的规律与特色。	（1）教育途径顺应时代发展与大学生需求，不断扩充形式；（2）多种形式的教育途径，保证心理健康教育工作的全面开展；（3）大学生喜闻乐见的教育形式，增加教育亲和力和实效性。	（1）建立健全的组织机制，便于高校内部管理；（2）投入有力的保障机制，便于学校教育发展需要；（3）科学规范的运行机制，便于教学工作具体操作。
	规范性	（1）目标层次清晰，逐步递进、系统整合；（2）符合最新法律、政策文件规定。	（1）坚持系统整合和科学规划，符合规范性；（2）教育原则标准化，教育资源公平。	（1）从推进知识教育到完成发展课题，再到培育健康心态，教育内容系统化；（2）教育内容凸显学科专业性质，专业化程度高。	（1）宣传教育、教学时间、咨询辅导、危机干预一体化；（2）教育形式专业规范。	（1）组织机制、保障机制、运行机制合法合规；（2）个性机制保证具体工作标准化操作。

续表

指标结构		教育目标	教育原则	教育内容	教育途径	教育机制
可行性	契合度	(1) 社会发展需要培养全面发展的时代新人；(2) 将心理育人纳入高校教学改革规划和人才培养体系。	(1) 契合国家最新高校心理健康教育指导纲要的基本原则；(2) 教育原则与其他教育内部结构相辅相成。	(1) 教育内容契合高校心理健康教育发展规划和文件精神；(2) 教育内容紧紧围绕教育目标与任务展开；(3) 教育内容与学校资源能力契合度高，高校德育队伍是主力。	(1) 教育途径与教育目标、内容紧密契合；(2) 根据学校资源情况与发展需要，选择教学路径。	(1) 教育机制内容符合国家指导纲要，为高校心理健康教育工作提供保障，确保组织实施符合要求；(2) 各项机制的保障和运行效果反映学校各类资源能力。
	保障度	(1) 大学生心理问题的普遍性和多样性；(2) 教育者有促进学生心理健康发展的职责。	(1) 教育教学各项活动依据教育原则；(2) 高校发展规划符合教育原则。	(1) 强大有力的工作队伍保障教育内容的不断推进；(2) 专业的心理健康教育教学用品与设备，实践活动场地环境保障教育实效。	(1) 高校人力资源展开宣传教育；(2) 硬件设备保障实践活动、心理咨询等服务的开展。	(1) 三大机制共同保障高校心理健康教育有效开展；(2) 组织、保障运行机制的有效运转，需要学校人力、物力、财力等各个层面的支持。
执行性	控制度	(1) 教育目标分解合理；(2) 强化对教育目标的认知。	(1) 协调师生关系；(2) 形成教育合力。	(1) 工作队伍加强学习，深入理解教育内容；(2) 教育开展要跟踪指导。	(1) 高校教育者认同教育途径；(2) 人力、物力、财力资源到位，确保实施。	(1) 教育机制采用动态追踪；(2) 教育机制有健全完善的评估体系。
	完成度	(1) 大学生心理素质的提高有利于学校人才培养工作的推进；(2) 各个层次的教育目标检验具体工作执行进度。	各项教育原则保证工作执行效率。	(1) 教育内容依次、逐步推进；(2) 教育内容的实现推进学校整体学科专业建设、师资队伍建设、科学研究等。	教育途径的具体实施要到位，体现完成度。	教育机制的健全和完善，推进教育整体发展。
	调整度	教育目标根据新时期社会发展需要与形势动态进行调整。	教育原则根据实际工作需要突出重点，顺势调整。	教育内容要顺应教学规律和本质。	教育途径要满足学生需要，创新并优化教育形式。	教育机制具有可协调性，不断调整完善。

指标结构		教育目标	教育原则	教育内容	教育途径	教育机制
有效性	目标达成度	（1）大学生心理意识的提高；（2）大学生心理素质的提升；（3）大学生综合素质的全面发展。	（1）学生主体性得到保障；（2）实现价值观引领；（3）可持续性发展；（4）形成教育合力；（5）改革创新有收获。	（1）增强大学生对心理知识的掌握；（2）提高大学生解决心理困扰的能力；（3）培养大学生积极健康的心态。	（1）课程教学与宣传潜移默化；（2）实践活动参与度高；（3）心理咨询与危机干预帮助大学生有效解决心理问题和消除危机。	（1）组织机制标准健全；（2）保障机制完善有力；（3）运行机制运转科学有效。
	满意度	（1）国家相关政策支持；（2）教师认可；（3）学生认可。	（1）国家相关政策引领；（2）评估各项具体工作是否按教育原则开展及开展效果。	（1）教育内容符合立德树人标准；（2）教育内容符合育心育德统一原则；（3）教育内容注重人文关怀和心理疏导；（4）师生认可。	（1）教育形式丰富、趣味性强；（2）教育形式科学有效；（3）师生认可。	（1）工作队伍认可组织机制；（2）工作队伍认可保障机制；（3）全员认可运行机制。

二、实践对策——落实心理健康教育"三全育人"

（一）落实"全员育人"

"全员育人"指的是高校全体成员参与到心理健康教育中，这样能够增强育人力量，为获得良好的育人效果提供支撑。要想高质量实现"全员育人"，需要提升高校中每一位教职工的育人素质，确保他们担负起育人工作，并相互配合与协作，形成更加强大的育人合力。高校"全员育人"还要将大学生纳入其中，鼓励大学生进行自我教育，相互之间进行朋辈教育。

1. 加强工作队伍建设，专业培训把好关

高校心理健康教育"全员育人"的参与人员包括行政人员、教师队伍、机关后勤等所有教职员工，组成的育人队伍各有职责，表现为不同工作类型，在育人工作开展中，教职员工要相互合作、密切互助，为完成高校心理育人目标作贡献。教师队伍是育人队伍的中坚力量，他们的工作质量和工作水平直接影响教育质量。因此，在高校心理健康教育中落实"全员育人"的关键在于打造一支高素质心理健康教育师资队伍，让他们在心理健康教育中发挥主导作用，并且能够为其他参与者提供专业性指导，使"全员育人"切实发挥应有价值，大幅提升心理健康教育效果和育人水平。2018 年，教育部着重强调各高校要打造一支高素质心理健康教育师资队伍，其中专职教师数量占据主要比例，兼职教师发挥补充作用，实现良好的专兼结合态势。师资队伍建设是一项关系多个环节的复杂工作，需要相关环节密切配合，才能确保工作顺利进行，才能培养出与时俱进的师资队伍。

　　具体来说，教师队伍建设要把好入口关、培训关和考核关。首先，把好入口关。把好入口关指的是对教师队伍资质进行审查，只有符合相应标准的人员才能参与其中，具体到高校心理健康教育师资队伍培训中，教师要具备从事大学生心理健康教育的相关学历和专业资质。只有把好入口关，师资队伍才能集聚优质资源，才能提升心理健康教育教师队伍整体质量。其次，把好培训关。师资培训也是师资建设的重要工作，目的是将最新知识和技能传达给教师，革新其理论认知，提升其教育能力。要做好培训工作，必须建立完善的培训体系，如培训工作要贯穿教学全过程，上岗前开展教师集中培训，保证教师队伍顺利上岗，以在教育工作中达到相关要求；开展有针对性的教师培训，目的是帮助教师应对各种情况，如基于大学生心理发展特点和规律引入新的教学内容和调整实践方式。最后，把好考核关。对教师基础理论知识考核是基本的考核工作，除此之外，还要深入教育过程中进行动态考核，如教师在课堂中的语言表达水平、课程内容设计水平、课程安排合理程度等均是重要的考核内容。随着时代发展，教师考核也要不断革新，这要求高校健全教师水平考核机制，基于实际情况进行动态革新和调整。除了教师队伍之外，还要充分调动其他教职员工的育人积极性，让他们更深入地参与心理健康教育事业。对其他教职员工开展心理健康教育知识培训是极为必要的，目的是提升他们的心理健康育人素养，使之掌握和运用心理健康教育相关专业知识，为做好教育工作奠定基础。高校大学生人数众多，每个大学生都有自身的心理特点，高校育人者要对此充分了解，不能仅仅拘泥于某种知识和技能，而应基于实际情况进行灵活调整，更好地帮助和引导大学生。

2. 建立朋辈心理辅导机制，提高互助热情

高校心理健康教育要制定发展性目标，以发展的眼光看待大学生的心理表现和动态。在这一目标下，高校心理健康教育师资队伍需要大力关注大学生的心理需要，并且进行层次划分，然后从不同层次出发规划教育策略。这项工作是复杂的，单单依靠师资队伍是不够的，还要调动其他育人成员参与其中。其中，朋辈队伍便发挥着重要作用，能够与大学生平等对话和交流，朋辈更容易让大学生感到亲近，也更容易得到大学生的认可。另外，作为年轻一代，他们有朝气、有活力，能够为心理健康教育注入强大活性力量。朋辈心理辅导是一种同伴之间进行的心理辅导活动，有利于被辅导者接受，并且辅导过程具有显著平等性，有利于被辅导者敞开心扉，帮助辅导者更充分地了解问题所在。目前，很多高校的朋辈心理辅导主要采用成立学生组织的方式，如学生会、学生社团等。在学生组织中，内部人员是同龄人，在交流互动方面更加顺畅，有利于增进了解，更容易发现心理问题产生的根源。朋辈心理辅导活动具体开展过程中，学生组织需要推选领导者和组织者，而后建立朋辈心理辅导团体，确保辅导活动在集体力量支撑下顺利进行。高校应进一步完善朋辈心理辅导机制，在队伍选拔、培训等方面做细、做精，这样才能提升朋辈心理辅导的专业性，在大学生心理健康教育中发挥更大作用。

首先，朋辈心理辅导应纳入高校心理健康教育体系，使其地位和作用得到确立和承认。成立朋辈心理辅导工作室是重要前提。朋辈心理辅导工作室发挥着孵化优秀朋辈辅导者的作用，并能形成强大力量，为发挥更大作用打下基础。招募、选拔和培训工作要做好规划，确保良好衔接，打造朋辈心理辅导优质队伍。除此之外，硬件建设也要跟上，确保朋辈心理辅导拥有专用咨询室与辅导室。在工作制度上，值班制度、考核制度、激励制度、培训制度、督导制度等要逐步完善，支撑心理辅导工作有序开展。其中，培训制度尤为重要，其完善程度影响着朋辈心理辅导员的知识素养和技能水平。只有辅导员具备足够的辅导能力，才能确保辅导工作正常进行。其次，朋辈心理辅导员队伍经过系统培训后能够获得在全校开展心理辅导活动的资格,这样有利于调动他们的工作热情,也能够更充分地践行"全员育人"理念。最后,朋辈心理辅导队伍要进一步扩大,学生干部、班级心理委员等力量应得到积极调动,让他们参与其中既能增强队伍力量,也能进一步拉近朋辈心理辅导人员和大学生的距离。班级心理委员可在班级中开展心理辅导活动,如心理主题班会、心理素质实践活动等,让大学生从中获得心理健康教育。

3. 加强大学生自我管理与教育,开发潜能育"真我"

高校心理健康教育在"全员育人"指导下要调动更多力量参与到育人大业中,除了教师队伍、行政管理队伍、后勤管理队伍、朋辈心理辅导员队伍等,还要重视大学生这一群体。大学生作为受教育者,能够接受外来教育促进自身素质提升,同时大学生也是活生生的主体力量,应在自我教育方面不断增强,而且相较于外来教育,自我教育及其产生的教育能量更加强大,更能促进大学生形成健全人格。大学生正处于青年阶段,自主意识不断增强,已经具备一定的自我管理和教育能力,高校应着眼于此,通过相关策略引导大学生在自我教育方面实现进一步发展和提升。自我教育会经历认识自我、帮助自我、提升自我等过程,逐步具备更强的自助能力,在遇到心理困惑和心理冲突时,不会惊慌失措、不知何为,能够冷静下来,利用学到的知识和技能进行自我引导,将心理问题消除于萌芽状态,或者保持稳定,避免向更严重方向发展。这要求高校心理健康教育过程中将提升大学生自我管理和教育能力作为重点目标,引导大学生正确认知心理健康概念,转变"心理问题是病"的观念,以平常心面对心理问题,逐步向自我应对和处理心理问题进发。要想实现这些目标,高校要注重营造良好心理育人氛围,将心理咨询、心理辅导等纳入育人体系,而不是"治病救人"。一方面,高校要通过多种途径向大学生宣传心理健康知识,让他们正确认识心理健康概念,并且逐步形成正确的心理健康意识,对自身心理表现进行正确审视和分析,以平和、冷静的心态对存在的心理异常、心理问题等进行"追根溯源",而后通过自我教育和自我引导消除不良因子;另一方面,高校要创建心理健康教育网络自助平台,让大学生通过平台学习心理知识、开展心理测试等,及时注意自身心理层面的问题,积极应对,以维持良好的心理状态。

（二）实施"全过程育人"

"全过程育人"指的是育人工作贯穿各个阶段，除了时间上保持连续，空间上也要保持连续。大学生的学习和生活不是一成不变的，他们经历的事情在不断变化，这必然使大学生的心理状态不断变化，在不同时间和空间中承受不同的心理困扰和压力。"全过程育人"能够应对这一状况，具体实施中要求育人者对大学生实际情况进行动态调研和观察，然后基于实际需求开展针对性教育活动，让大学生从中获得引导和教育。

1. 开展心理普查与建档，动态监测要实时

教育部要求大学新生入校后接受心理状况普查，而后将收集的信息收录建档，作为大学生心理健康状况数据进行分析研究。档案信息不是一成不变的，是会不断融入新的心理动态数据的，这样有利于育人者动态了解大学生的心理状况，对存在心理问题的大学生给予及时指导和帮助，避免事态变得严重。高校心理健康教育"全过程育人"的落实需要把握好时间因素。开展大学新生心理普查与测评工作是"全过程育人"的开端，之后的相关工作需以此为依据来开展。首先，高校在对大学新生进行心理普查时要选择科学权威的心理测评量表，确保测评数据具有更强的可信度，具体测评方式要灵活选择，目的是满足不同大学生的要求，也是让大学生在测评中更加配合。测评内容要全面到位，社会环境、家庭因素、个体生理状态等信息均要收集，这样才能更准确地掌握大学生的心理健康状况，总结学生心理变化规律。其次，高校基于心理测评结果分析大学生的心理状况，对存在心理问题的大学生要及时进行干预和引导，在持续追踪过程中仍要施以动态评估干预和引导，如果效果不佳则要及时调整相关措施。对于心理问题较为严重的大学生要重点关注，并对其进行专项心理咨询和治疗，同时与大学生的家长取得联系，家校联合共同解决大学生的心理问题。最后，高校要做好建档工作，将大学生的相关信息收录其中，保证档案的完整性。建档之前，高校要安排专业人员对心理普查信息进行严谨分析，转化成更直观、更明确的表述方式；建档之后，档案内容就成为评估大学生心理健康水平的第一手资料，同时也是高校制定心理健康教育目标的重要依据。心理档案在大学生心理状态追踪方面也有着重要

作用，可以确保追踪工作具有连续性，能够进行良好衔接，并能全面呈现大学生的心理动态。高校要在每个学期开展心理测评工作，重新收集资料并对新的资料内容进行重点分析与研究，其中大学生的学业成绩、奖惩情况、健康情况等是重点收集对象。如果大学生接受过心理咨询，咨询记录资料也要收集，并收录在个人心理健康档案中。资料越全面，就越能充分了解大学生的心理健康状况，有利于及时发现问题，而后及时干预和处理。

2. 加强课程体系建设，实践活动重体验

在国家和教育部的推动下，我国各个高校对心理健康教育的重视程度不断提升，开设心理健康教育课程成为一种常态，但是从实行与实施现状来看，很多高校存在一些问题和不足，造成心理健康教育效果不尽如人意，甚至有的高校在课程开设上没有达到标准。因此，加强心理健康教育课程体系建设改革是极为重要的，目的是形成更为科学合理、行之有效的心理健康教育课程体系，为高校心理健康教育正常运转和发挥应有作用提供有力支撑。在具体实践中，高校应从以下三个方面入手：一是紧密结合实际情况，确保心理健康教育课程与学校整体教学计划相契合，为实现全覆盖教学奠定基础。在课程设置上可分设必修课和选修课程，并且设置学分和学时要求。除此之外，心理健康教育课程还要与其他课程建立联系，如关于心理健康课程与其他课程融合的研究成果，帮助广大师生获得清楚认知。二是做好心理健康教育教材完善工作。教材编写要足够专业，确保教学内容科学规范，同时编写者还要对大学生身心发展特点和规律进行调研，在编写过程中引入更具针对性的知识内容，满足大学生的发展要求。高校可以立足于本校学生特点和需求打造校本化心理健康教育辅助教材，帮助大学生更好地学习心理知识。三是革新心理健康教育方式方法。革新心理健康教育方式方法是为了使大学生对心理健康教育产生浓厚兴趣，让他们积极参与其中。从实践调研结果来看，实践活动在激发大学生学习兴趣方面效果突出，因此高校应重点开发和设计实践活动，为大学生提供高质量的实践锻炼机会和渠道。高校还可利用网络革新教育模式，如开设心理健康教育在线课程，与线下教学进行互补，让大学生更好地理解相关知识和技能，并且在时间利用上获得更高效率。利用网络技术可优化

课程内容，将动态的、直观的课程内容呈现在大学生面前，有利于调动大学生的学习热情，进而使其在潜移默化中受到熏陶和教育。

3. 完善心理咨询服务机制，多管齐下优服务

我国高校心理健康教育开展初期以心理咨询为主导，经过几十年的发展变革，高校心理健康教育呈现出新的状态和面貌。其中，心理咨询机构得到进一步优化，不仅有着更为完善的机构设置和保障条件，而且内部队伍质量也大幅提升，但总体来看仍然处于较低水平，需要进一步改善和加强。心理咨询服务机制是支撑心理咨询工作正常运转的重要保障，高校应着力进行完善和健全。一是硬件提供到位。高校要投入充足经费建设专业的心理咨询机构，保证内部硬件充分到位，如心理测评室、心理咨询室、团体活动室、素质拓展训练场地等均要设立，这样能够保障心理咨询服务机构更好地发挥应有功能，为大学生心理健康保驾护航。二是做好软件提供。高校要加大心理健康教育队伍培训力度，打造一支素质高、水平强的专业队伍，如心理咨询师要具备足够的专业能力，开展专业的咨询服务。在心理咨询工作具体开展中，对学生划分层次是重要环节，目的是促进咨询服务策略更具针对性，更能引导和教育大学生，帮助大学生解决实际问题。心理咨询服务要进一步细化，确保相关环节到位，如值班、预约、转介、反馈等要做好衔接，使大学生获得高效率帮助。目前我国高校将个体咨询作为重点，团体咨询开展深度有待进一步提升。我国高校应对团体咨询大力开展研究和实践，推动团体咨询达到更高水平。相较于个体咨询，团体咨询在发展性引导方面更加突出，能够帮助大学生保持良好心理状态，同时提升团队合作能力。

4. 健全心理危机预防与干预体系，立足预防消隐患

高校心理健康教育在新时期要开启新的发展历程，除了做好教育教学、实践活动、咨询服务之外，还要重视大学生心理危机预防与干预工作，对存在心理问题的大学生及时进行干预，避免心理问题逐步严重化而产生不良后果。

高校在开展心理危机预防与干预工作时，要将预防放在主要位置，做好预防工作。预防工作以发现心理问题隐患为目标，一丝一毫的隐患也要得到重视，这样能够及时介入将隐患消除，避免心理问题进一步恶化。一是建立大学生心理危机预警指标。指标内容的确定要从多方面考量，社会、家庭、学生本身等相关因素均要考虑在内，这样才能获得更全面的指标内容，更客观、更充分地呈现和评估大学生的心理问题。二是高校要对大学生实际情况进行充分调研，然后围绕这些信息采取针对性手段向学生传达心理危机预防相关知识，在潜移默化中提升大学生的防范意识，让大学生学会充当好自己的"第一责任人"。三是高校要推动内部各个部门通力合作，发挥预警机制联动作用，任何部门只要发现大学生存在问题都可以让其他部门快速通过预警机制予以了解，而后各个部门重点关注有心理问题的大学生，相互合作进行引导和干预。

高校要设计出更加完善的心理危机干预工作预案，做到全方位立体化覆盖及多途径相互衔接进行应对。在学校内部形成"学校—院系—班级—宿舍"与"教学—管理—后勤"相搭配的工作体系，在学校外部形成"学校—家庭—社会"三方配合工作体系，并将具体工作安排到具体部门中，促进部门之间联动。当有大学生出现严重的心理危机后，如果学校心理咨询机构不能应对和处理，应及时转介专业医疗机构，而为了确保转移过程顺畅到位，高校应建立心理危机转介诊疗机制，让出现严重心理危机的大学生得到良好治疗和干预，避免因治疗不及时而产生严重后果。另外，高校还要注重经验借鉴，对本校和其他学校的心理危机干预案例进行专项研讨，从中总结经验和教训，作为后续工作改进和调整的依据。

（三）推进"全方位育人"

"全方位育人"主要是从空间角度进行考量，强调育人过程中育人举措要落实到大学生生活与学习的方方面面，并在这一过程中调动相关力量参与到育人大业中。这有利于大学生更好地接受心理健康教育，进而提升心理素质，促进综合素质发展。

1. 开展网络心理健康教育，因势而新促工作

在新时期，现代信息技术的应用广度和深度不断增强，使人们的生活方式得到革新，生活理念也有所转变，这种局面对高校思想政治教育提出了新要求，同时带来了新机遇。习近平总书记突出强调高校思想政治工作要做到因事而化、因时而进、因势而新。在此指导下，高校心理健康教育要保持灵活性，积极引入新技术促进革新。高校应重点关注网络媒体,并积极地将其应用到心理健康教育中,如大数据、移动智能等均是重要应用对象。这样能够打造全新的心理健康教育局面,为高校心理健康教育开启新的发展历程创造条件。

首先,高校要构建心理健康教育网络平台。网络媒体具有多种优势,如信息传播高速快捷、传播主体高效互动等。当心理健康教育网络平台得到构建后,学生可从中获取最新的知识资源,也能依托该平台参与网络心理健康教学。对于高校来说,除了在网络上广泛收集相关资源外,还应通过视频录像方式打造校本化资源,以及通过网络直播方式开展线上教学。相较于传统纸质媒体,网络媒体所展现的内容更加生动形象、丰富有趣,容易激发大学生的学习热情。线上互动有着效率高的优点,可以让教师快速为大学生答疑解惑,减少不理解内容的积压,同时也能进一步拉近教师和大学生的距离,使二者更好地沟通交流,助力教师倾听大学生的心声,更好地了解大学生心理问题所在,而后进行针对性引导和帮助。其次,高校要善于使用社交媒体工具,如微信、QQ、微博等,这些媒体工具能够用于心理健康教育知识宣传,也能服务于教学,还能用于构建心理咨询渠道,让大学生足不出户就能获得心理咨询和辅导。网络心理咨询就是在这些社交媒体工具的支撑下形成和发展的。相较于传统咨询方式,该种方式更加方便快捷,并且其匿名性有利于消除大学生的顾虑,让他们能更充分地表述内在感受,有利于教师快速确定问题所在,而后有针对性地提供帮助和辅导。最后,高校要重视实践活动设计和教育队伍建设。在网络媒体的支持下,心理博客、心理微博、心理微电影等实践活动得到设计,并且更有效率地开展,让大学生得到更好锻炼。教育队伍建设中可以通过创建 QQ 群、微信群等方式打造交流互动空间,让教育者分享自身经验,同时也能获取他人经验。另外,这些平台也能发挥教育队伍管理作用。总之,网络媒体支撑下的心理健康教育与传统心理健康教育相比具有多种优势,其中拓宽教育覆盖面最为显著,能够为高校心理健康教育实现"全方位育人"提供支持。

2. 优化校园文化氛围,"动静"结合创环境

校园文化是学校育人的重要载体,其所蕴含的育人内容经过凝练变得更加优

质，有利于优化育人效果。因此，校园文化环境建设是重要方式，大学生处在良好环境中，能够在潜移默化中受到教育和熏陶，对学校有更深的认识，对学校教育目标有更深的理解，有利于大学生自觉规范自身的行为，为提升身心健康水平提供助力。校园文化环境建设与心理健康教育的充分结合能够大幅拓宽育人渠道，使心理健康教育在更广的范围发挥作用。校园文化环境优化要从静态文化环境入手，如校内人文建筑物、花草树木、相关设备设施等。高校要统筹规划，基于实际情况和需求进行设计，让广大师生获得良好感受，保持身心愉悦。另外，校园文化环境优化要从动态文化环境入手，如举办丰富多彩的文化活动，使校园氛围变得活跃，营造良好的校园环境。校园文化活动要精心设计，不能一味模仿和照搬，否则会因为缺乏新意而削弱大学生参与的热情。具体到心理健康教育领域，设计者要有意识地将心理健康教育内容融入校园文化活动，让大学生在参与活动的过程中提升心理健康素养。高校还可借助网络媒体对校园文化活动进行宣传，让大学生充分了解相关信息，让大学生更积极地参与校园文化活动。

3. 构建"学校—家庭—社会"三位一体平台，齐心携手护成长

心理健康教育是一项系统工程，需要多方力量予以支持才能更好地推进和开展，才能真正推动大学生综合素质得以发展。学校、家庭和社会要共同发力、形成合力，为顺畅开展心理健康教育提供支持。三者与大学生有着紧密联系，对大学生身心发展产生重要影响，而要想促进三者良性联动，就要对具体影响过程进行剖析研究，进而找到行之有效的协调策略，让三者协调共进，形成更强教育合力。高校心理健康教育提出的三位一体规划与现代教育理念是契合的，应得到贯彻落实，切实发挥教育作用，帮助解决大学生遇到的实际问题，以促进大学生全面发展。

高校是专职教育机构，要在三位一体体系中发挥主导作用，通过主动出击与家庭和社会建立紧密联系，并依托相关策略促进家庭主动参与和社会主动提供支持。一方面，高校要做好家校合作工作，与学生家长进行沟通交流，让他们了解学生在校表现，这样能够调动家长参与教育学生的过程，与学校一起商议和研究学生学习和成长计划。在具体方式上，打电话、微信联系等均可采用，还能利用

网络平台召开家长会议，共同商议家校合作事宜。另外，学校也要通过开展家长培训活动提升家长教育水平，促进家庭教育得到发展，向更科学、更合理的方向转变。另一方面，高校要做好与社会的互动工作，既从社会中获得诸多资源支持，也要培养符合社会需求的人才。利用大众媒体广泛宣传社会主义核心价值观，为学生营造良好的社会环境，让他们进入社会后也能不断汲取精神营养；相关部门要对社会上不利于学生身心发展的娱乐场所进行整治，促进它们规范运行；社区要完善自身，通过社区自治营造良好的社区环境，同时社区也要与高校积极互动，如邀请大学生前往社区参加文化活动或志愿服务，让学生从中得到锻炼。"学校—家庭—社会"三位一体模式对高校心理健康教育产生诸多正面影响，但从实际情况来看，由于相关机制构建不够完善，造成这一模式运转不良，难以发挥应有作用。针对当前现状，教育主管部门要加快相关机制构建工作，出台科学合理制度保障三位一体模式良好运行，并且推动该模式常态化及发挥应有作用。

4. 完善心理健康教育管理体系，评估、监督两不误

"全方位育人"的实现要建立在高校完善的教育管理体系基础上。首先，高校要优化组织制度，设置稳定的组织机构全面负责心理健康教育，确保相关教育措施切实落到实处。高校应确立心理健康教育的地位，将其纳入学校改革发展规划，进而更加"名正言顺"地开展和改革。成立心理健康教育工作领导小组是必要的，工作领导小组对心理健康教育工作全面负责，而在具体工作中，该小组拥有安排相关部门开展相关工作的权利，如规划设计、评估监督等均要有对应部门负责。在院系中设立领导小组，该小组的管理人员主要包括学校教师、辅导员等，需要做好统筹安排工作，让他们各司其职、密切配合。制度层面构建要全面到位，管理制度、工作制度、激励制度等缺一不可，这样才能支撑心理健康教育相关工作有据可依，更加顺利、高效地开展。其次，高校要优化工作评估和监督机制，目的是对相关工作效果进行评估和督促。高校心理健康教育工作不能只是"埋头赶路"，还要适时停下来观察是否走错了方向。评估工作便是为此服务的，让高校了解心理健康教育工作开展情况，进而发现其中的问题与短板。在这一基础上高校能够制定有针对性的应对举措，而为了保障相关举措得以贯彻落实，还需要从旁监督，避免偷工减料、敷衍了事等现象出现。提升评估工作的有效性要建立在设计科学规范的评估指标体系的基础上，高校应通过精心设计将心理健康教育实际情况充分融入，设计出科学有效的指标内容。评估指标体系得到科学设计后，接下来要选择合理的评估方式。一般来说，教育部评估、高校间相互评估、学校内部评估是常用的评估方式，这几种方式要合理结合，在符合实际的情况下获得全面有效的评估结果。获得评估结果后要做进一步分析，高校可以邀请专家学者前往指导，而在分析过程中相关参与者应到现场，这样他们既能对相关情况做出解释，也能直接接受指导。

5. 深化心理健康教育科研，本土发展力争优

高校心理健康教育发展与革新要得到科学引导，如充分结合本国国情和本校实际是重要方向。可以借鉴国外的教育模式和相关经验，但不能直接照搬，那样会造成心理健康教育陷入固化和机械化运转的局面，失去创新的活力。我国高校要坚持一切从实际出发的原则来开展心理健康教育研究，把本国、本校出现的相关案例作为重要研究对象，进而开发出符合本国、本校的心理健康教育教材。除此之外，还要积极举办学术研讨会，拓展心理健康教育研究的广度与深度。在研究进程中要注意以下几个问题：一要注重问题的发掘，从问题出发开展理论与实践研究，目的是找到应对问题的理论成果，并转化为可行的实践方案。当前我国高校心理健康教育存在的问题多种多样，这需要研究者亲自调研和感受，才能真正知晓问题的类型，并充分认识内在根源。二要注重研究方法的选择。理论研究和实践研究是两大研究方法。其中，理论研究应以"深化"为目标，尽可能从本质上揭露问题所在；实践研究应以"细化"为目标，目的是支撑实践方案在实行过程中做好每个细节，进而获得更好的实践效果。从目前来看，我国高校心理健康教育在理论研究层面缺乏足够的理论技术支撑，而在实践研究层面存在研究深度不足的问题，这也造成了实践方案的可行性、执行性、有效性有所不足。这就要求我国高校应转变观念，并且在研究中投入更多精力，发挥主观能动性，选择良好的研究方法。三要加大本土化研究力度。开展心理健康教育应合理借鉴国外理论和经验，但要想切实推动我国高校心理健康教育发展，必须开展本土化研究。

本土化研究应紧密结合我国高校实际情况,这样研究成果才能更加满足实践需要。广大专家学者要深刻认识到这一点,不能只从理论层面探究、探讨,还要从实际出发了解学校实际情况、学生成长需求等,进而为本土化研究提供更多素材。

参考文献

陈浩,2021. 互联网背景下心理健康教育在大学生思政教育工作中的应用研究 [J]. 数据 (11):116-118.

崔师睿,杨斌,2021. 公共危机状态下大学生思想政治教育研究:以抗击新冠肺炎疫情为例 [J]. 山东农业工程学院学报,38(8):123-128.

邓仙,2021. 基于新发展理念的大学生思想政治教育路径探索 [J]. 大学:思政教研 (32):125-127.

范远玲,2022. 大学生思想政治教育人文关怀体系构建与实现路径 [J]. 黑河学院学报,13(6):20-22+55.

关月萱,穆惠涛,2022. 贫困大学生思想政治教育中人文关怀策略研究 [J]. 现代商贸工业,43(2):182-184.

韩瑞平,2022. 信息化时代大学生思想政治教育发展与创新研究:评《大学生思想政治教育整合与创新研究》[J]. 人民长江,53(3):232.

郝薇薇,2022. 大学生心理健康教育与思想政治教育结合的实施路径 [J]. 锦州医科大学学报 (社会科学版),20(6):57-61.

黄力,2021."00"后大学生思想政治教育模式探索:基于积极心理学视角 [J]. 佳木斯职业学院学报,37(10):9-10.

霍广田,李颖馨,王瑶,2022."00 后"大学生思想政治认同状况调查分析 [J]. 青少年学刊 (3):28-30+46.

蒋娟,2022."00 后"大学生群体思想政治教育存在的问题与对策 [J]. 开封文化艺术职业学院学报,42(5):41-43.

荆恒磊,2021. 思政视域下大学生心理健康教育模式的构建 [J]. 江西电力职业技术学院学报,34(9):162-163+168.

赖文庆,2021. 思想政治教育视角下的大学生心理健康教育研究 [J]. 黑龙江教师发展学院学报,40(11):110-112.

梁洁,2021. 论大学生心理健康教育与课程思政的有机融合:评《心理健康与思想政治教育》[J]. 科技管理研究, 41(20): 244.

林婵, 左智娟, 赵玉洁, 2022. 大学生心理健康教育与思想政治教育融合实践研究 [J]. 教育教学论坛 (43): 153-156.

林世昌, 2021. 思想政治教育工作与培养大学生健康就业心理的关系研究 [J]. 就业与保障 (17): 186-187.

刘昕, 2021. 大学生思政与心理健康教育要协同创新 [J]. 河南教育 (教师教育) (8): 40-42.

刘艳梅, 2022. 大学生心理健康与思想政治教育问题探索 [J]. 中国学校卫生, 43(2): 324.

卢珊, 吕天宇, 2021. 依托思想政治工作进行大学生心理健康教育的量化分析 [J]. 经济研究导刊 (23): 72-74.

马日凤, 2022. 大学生思想政治教育中心理疏导的运用研究 [J]. 教育观察, 11(5): 85-87.

任昊, 米平治, 张晋, 2022. 全生命周期大学生思想政治教育的可能与可为 : 以大数据应用为技术路径 [J]. 教育科学, 38(1): 41-48.

石晓娟, 苏浩淼, 王付顺, 2021. 大学生心理健康教育与思想政治教育的融合路径 [J]. 中学政治教学参考 (31): 102.

孙冠婴, 卢翠荣, 薛文铮, 等, 2022. 中医类院校大学生思想政治教育内容探析 [J]. 教育教学论坛 (11): 49-52.

孙璐杨, 伍志燕, 2022. 智媒体时代大学生思想政治教育的特征、挑战与对策 [J]. 黑龙江高教研究, 40(8): 117-123.

孙增德, 2021. 创新思政教育模式　构筑心理健康防线 : 评《生活科技化时代与大学生思想政治教育创新》[J]. 山西财经大学学报, 43(11): 134.

孙振宇, 2021. 资助育人视角下大学生思想政治教育提升研究 [J]. 大学 : 思政教研 (40): 130-132.

陶馨, 2022. 大学生心理健康教育与思想政治教育结合 [J]. 科学咨询 (教育科研)(11): 147-149.

田婕,张兰君,2022.大学生心理健康教育与思想政治教育的有效融合 [J]. 经济师 (8): 147-148.

王博古,2022.大学生网络思想政治与心理健康教育的融合路径分析 [J]. 创新创业理论研究与实践, 5(2): 114-116.

王春燕,2021.协同理论视域下大学生思想政治教育与心理健康教育一体化探究 [J]. 湖北开放职业学院学报, 34(13): 67-68+75.

王丹秋,2022.大学生思想政治教育与心理健康教育的融合模式 [J]. 产业与科技论坛, 21(5): 117-118.

王玲,2022.大学生网络思想政治教育与心理健康教育方法探究 [J]. 品位·经典 (15): 127-129.

王相东,2022.大学生思想政治教育与辅导员队伍建设协同发展研究 : 评《高校思想政治教育与辅导员队伍建设研究》[J]. 中国学校卫生, 43(11): 1765.

王宇晗,尹智华,王学航,2022.后疫情时代大学生思想政治教育与心理健康教育融合发展 [J]. 沈阳农业大学学报 (社会科学版): 1-4.

吴娜,2021.“三全育人”视角的大学生思政教育创新路径研究 [J]. 现代交际 (15): 64-66.

吴燕飞,吴海静,2021.大学生心理健康教育与思想政治教育的整合策略探索 [J]. 中国多媒体与网络教学学报 (中旬刊)(9): 57-60.

徐鸿,蒋娇龙,潘复超,等,2021.后疫情时期大学生思想政治教育应对相符行为影响策略研究 [J]. 新生代 (5): 63-67.

徐琳,2021.大学生思想政治教育与心理健康教育整合探讨 [J]. 科学咨询 (教育科研)(8): 83-84.

徐琳,2021.新时期大学生思想政治教育实践与创新研究 [J]. 教育教学论坛 (31): 68-71.

薛红燕,2022.高职院校大学生思想政治教育的现状、问题和路径 [J]. 青岛职业技术学院学报, 35(1): 54-57.

杨昊东,杨燕翔,2022.思想教育与学生社团在高校教育中的影响探讨 [J]. 大众文

艺 (11): 140-142.

尹华伟, 王艳, 2021. "互联网 +" 背景下医学院校大学生思想政治教育的创新性研究 [J]. 中国继续医学教育, 13(27): 101-104.

于美亚, 2022. 心理疏导机制在大学生思想政治教育中的运用 [J]. 太原城市职业技术学院学报 (2): 196-198.

郁翠微, 2021. "大思政" 背景下大学生思想政治教育与心理健康教育融合与协同发展路径探究 [J]. 大学 : 思政教研 (48): 38-40.

曾庆亮, 张浪, 2022. 人文关怀和心理疏导 : 大学生思想政治教育新着力点 [J]. 西华师范大学学报 (哲学社会科学版)(2): 53-60.

张辉, 李雪, 2022. 大学生心理健康与思想政治教育的协同效应分析 [J]. 医学教育管理, 8(4): 419-422+437.

张新峰, 2022. "大学生心理健康教育服务平台" 建设的思考与实践 [J]. 武夷学院学报, 41(1): 95-98+104.

章培蓓, 2021. 高校学生党支部在大学生思想政治教育中的作用 : 以浙江省绍兴市为例 [J]. 就业与保障 (3): 140-141.

周方遒, 郭芮, 2022. 积极心理学应用于大学生思想政治教育探究 [J]. 辽宁经济管理干部学院学报·辽宁经济职业技术学院 (3): 90-92.

周芳检, 王颖芝, 2021. 新冠疫情背景下大学生思想政治教育方式创新研究 [J]. 呼伦贝尔学院学报, 29(6): 19-23.

周丽娟, 2021. 提升突发事件防控中大学生思想政治教育功能策略研究 [J]. 佳木斯职业学院学报, 37(12): 28-30.

朱伟, 2019. 新时代大学生思想理论教育和价值引领的路径 [J]. 办公室业务 (20): 49.

朱响, 2022. 新时期大学生思想政治教育体系的构建 [J]. 数据 (8): 122-124.

后　记

在新时期，社会多个方面出现变革，这对大学生的思想和心理产生了很大影响，造成大学生出现很多思想问题和心理问题。大学生思想政治教育是应对问题的重要途径，但是从实际情况来看，大学生思想政治教育存在很多问题与不足，致使它的作用和功能难以充分发挥。心理健康教育与思想政治教育进行结合可以改变思想政治教育传统面貌，顺应潮流，并能更好地满足社会的需求，不仅能有力提升大学生的综合素质，而且有助于大学生塑造良好的心理状态。关于二者融合的研究有很多，而从相关研究成果来看，二者拥有多项融合基础，但目前的融合效果却难以令人满意，存在很多问题和不足。

本书从多个角度探讨了心理健康教育与思想政治教育的关系，也对当前融合现状存在的问题进行了系统分析，最后提出相应策略进行应对与解决。本书的论述可为高校提供参考和借鉴，在开展思想政治教育和心理健康教育方面做出调整和改变，但是本书仍存在一定缺陷和不足，希望借鉴者能够积极指正。未来社会将更加开放和多元，必然会对高校思想政治教育和心理健康教育提出新的要求和挑战，二者要想更好地融合，需要进一步研究和探讨。政府、社会力量、学校、家庭均要做出应有贡献，并且相互合作形成更强合力，才能为二者更好融合提供有力支持，才能打造出促进大学生全面发展的新教育模式。